趣话中国传统文化汉语国际教学

姜 燕◎著

吉林出版集团股份有限公司
全国百佳图书出版单位

图书在版编目（CIP）数据

趣话中国传统文化汉语国际教学 / 姜燕著. -- 长春：吉林出版集团股份有限公司，2021.12
ISBN 978-7-5731-0795-4

Ⅰ.①趣… Ⅱ.①姜… Ⅲ.①汉语—对外汉语教学—教学研究 Ⅳ.①H195.3

中国版本图书馆CIP数据核字(2021)第246550号

QUHUA ZHONGGUO CHUANTONG WENHUA HANYU GUOJI JIAOXUE

趣话中国传统文化汉语国际教学

著　　者：	姜　燕
责任编辑：	郭玉婷
封面设计：	雅硕图文
版式设计：	雅硕图文
出　　版：	吉林出版集团股份有限公司
发　　行：	吉林出版集团青少年书刊发行有限公司
地　　址：	吉林省长春市福祉大路5788号
邮政编码：	130118
电　　话：	0431-81629794
印　　刷：	晟德（天津）印刷有限公司
版　　次：	2022年6月第1版
印　　次：	2022年6月第1次印刷
开　　本：	710 mm × 1000 mm　　1/16
印　　张：	9
字　　数：	150千字
书　　号：	ISBN 978-7-5731-0795-4
定　　价：	78.00元

版权所有　翻印必究

目　录

第一章　国际汉语教学的昨天、今天、明天 ……………………… 1
　　第一节　从对外汉语到汉语国际教育的专业变更 ……………… 1
　　第二节　国际汉语教学的发展现状 ……………………………… 2
　　第三节　国际汉语教学的未来愿景 ……………………………… 6

第二章　从传统文化到国际汉语教学 …………………………… 8
　　第一节　传统文化影响下的国际汉语教学 ……………………… 8
　　第二节　传统文化影响下的国际汉语教学方法 ………………… 9
　　第三节　传统文化影响下的国际汉语教学方法意义与研究实践 …… 11

第三章　从语言文字论国际汉语教学 …………………………… 16
　　第一节　从百家姓到自我介绍，论称谓的重要性 ……………… 18
　　第二节　"千金"等于一千两黄金吗？数词、量词的应用 …… 23
　　第三节　你好，对不起！论表达方式的花样性 ………………… 30
　　第四节　东郭、南郭、北郭，中国到底有几个"郭"先生，
　　　　　　成语典故的应用 ………………………………………… 35
　　第五节　二十四节气凝聚中华民族悠久历史文化，其背后有哪些含义 … 38
　　第六节　中国传统习俗行为的由来与演变 ……………………… 43

第四章　从诗意国学赏国际汉语教学 · 51
- 第一节　中国画：分门别类细勾勒 · 51
- 第二节　翰墨江湖：有种情怀叫"拓片" · 57
- 第三节　烹茶煮酒：一饮论古今 · 63
- 第四节　扇：大俗与大雅 · 81
- 第五节　民族音乐文化与民乐器 · 88

第五章　从衣食"筑"行品国际汉语教学 · 94
- 第一节　衣：中国传统服饰的现代诠释 · 94
- 第二节　食：老饕的愿景，吃遍中华大地 · 99
- 第三节　"筑"：城市印象 · 106
- 第四节　行：奇趣话古人出行 · 116

第六章　从当代文化看国际汉语教学 · 124
- 第一节　从游戏《三国杀》看传统文化元素的妙用 · 124
- 第二节　抖音：沟通中外文化交流的友谊桥 · 129
- 第三节　从美博李子柒，看美食与传统文化的结合 · 132

参考文献 · 136

第一章　国际汉语教学的昨天、今天、明天

第一节　从对外汉语到汉语国际教育的专业变更

对外汉语是以其他语言为母语的国家或民族的人为对象的教学，也称为汉语。相应专业为高等院校培养具有较高外语文化修养且能以外语为工作语言的汉语和中国对外汉语教师，为旅游和各类涉外部门培养导游和汉语人才，并把汉语作为第二语言教学的工作。对外汉语教学是国家和民族的事业，是国家改革开放大局中的一个组成部分。发展对外汉语教学事业，对向世界推广汉语，传播中华民族的优秀文化，增进中国和世界各国人民的相互了解和友谊，培养更多的对华友好人士，扩大中国与世界各国的经济、文化、语言等各方面的交流与合作，提高汉语在国际上的影响具有重要的战略意义。

中国的对外汉语教学事业起始于1950年。当年，清华大学筹建东欧交换生中国语文专修班，接待了中国第一批外国留学生。这是我国第一个专门从事对外汉语教学的机构。而随着改革开放政策的实施，我国综合实力的提高，中国对外汉语教学事业进入了一个蓬勃发展的新阶段。随着留学生人数的增长，面向外国学生的院校也在逐步增加。与此同时，在老一辈专家、学者的共同推动下，1983年中国教育学会对外汉语教学研究会成立，这也标志着对外汉语教学作为一个专门的学科正式创立。到20世纪80年代末，对外汉语教学学科体系已基本构建完成，为教学理念的创新奠定了基础。外语语言教学新思想的引进直接推动了汉语教学法的创新，语言技能这一教学理念正式确立。"汉语水平考试"（HSK）运用科学化的测试使汉语走向世界成为

可能。而对外汉语教学标准和大纲的研制也标志着对外汉语教学正式走向科学化、规范化的发展道路。20世纪90年代，随着改革开放的深入开展，对外汉语教学学术氛围空前活跃，学术争鸣带来了学科的飞跃发展，逐渐明确了"语言教学"的学科属性。

2012年，对外汉语专业更名为"汉语国际教育"，专业由"对外汉语""中国语言文化"和"中国学"合并而成。至此，对汉语国际教育专业培养有了新的界定：培养掌握扎实的汉语基础知识，具有较高的人文素养，具备中国文学、中华文化、跨文化交际等方面专业知识与能力。

国际汉语教学是一个宽泛的概念，虽然汉语、汉文化是国际汉语教学的核心，但并不是唯一的内容和方向。在教学过程中应从语言的共性角度出发，积极加以利用和引导，同中求异。同时，将人类的文明史与中华文明相结合，辅以中国的重要历史事件和阶段性的文化发展，既凸显中华文明特点，也将中华文明与世界文明相结合，阐述不同历史时期、不同时代背景下滋生的各具特色的文明和文化。

语言的本质是工具。工具的学习过程是为了"使用"这一"结果"，汉语国际教育是对外汉语教学的国际化或汉语的国际化教学，"教育"一词的使用赋予了汉语语言教学更为广泛的教学内容和影响意义。

第二节　国际汉语教学的发展现状

随着中国经济的快速发展，综合国力不断攀升，中国的文化实力增速也不容小觑。语言作为人类沟通的基本工具，也是国与国有效交流的前提。汉语言的推广与我国的综合国力和雄厚的文化软实力是不可分割的。可以说，汉语国际化的趋势产生了汉语国际教育这一专业。我国各大高校相继开设汉语教育专业，为汉语在国际上的推广提供专业人才，让汉语在国际舞台上大放异彩，另一方面也让越来越多的人有机会接触和了解中国的悠久历史和传统文化。

一、国际汉语教学的现状

改革开放以来，由于我国经济实力的增强，随之而来的就是教育质量的不断提高，这也扩大了传统的汉语教学范围，改变了汉语教学的方式方法，汉语国际化也越来越受到重视。然而，教育虽是在火热发展阶段，却仍存在着诸多不足，有可能阻碍和约束国际汉语教学的发展步伐。首先，从宣传角度来讲，力度较小，影响力较弱；其次，国际汉语教学学科建设尚未完善，仍缺失特色化产业优势，对学生的吸引力不足；最后，国际汉语教学的重要环节——教师，作为传道受业解惑者，整体素质和知识储备量有进一步提升的余地。而国际汉语教学活动开展过程中，过分强调语言教学而忽视传统文化推广，也不利于我国悠久文化的弘扬和继承发展。以至于近几年来的国际汉语教学规模虽是在逐渐扩大，但教学资源配置仍相对不平衡，这也导致教育需求和学科吸引力的不足。

二、国际汉语教学培养体系的不完善

国际汉语教学在教学历史与年限上存在明显的缺陷，作为一个新兴发展、迅猛崛起的专业，国际汉语教学在实践和课程设置上是不完备的，首先，国际汉语教学所要求的知识面广、学识体系复杂使学习中获得的知识有限，内容层面缺乏深度和广度。其次，汉语知识储备不牢固，不曾花费时间和大量精力对中国传统历史和悠久文化做深入的研究，这也是造成国际汉语教学培养体系不完善的一大制约因素。阅读课是国际汉语教学中的重要技能学习科目，通过阅读，在获得所需知识点的同时加强词汇量的储备，对知识进行深层理解和消化，转而化为对中华文化的深入理解。只有学生全面提高自身的阅读水平，才能在进行阅读与理解文章时体悟和明了作者所要传达的思想和主题。如果知识积累不足，就会使阅读过程格外艰难。学生无法理解文章的内容与作者的意图，就会逐渐失去阅读兴趣。研究表明，多数学生仍无法脱离词典实现独立阅读的能力，除了词汇量的匮乏，对于语法知识的积累也存在不足。母语阅读能够轻松获得所需信息，但对于学习第二语言的学者，通常需要用语法知识对句子进行解析，才能找出语句间的关联，构建完整的知识学习体系。对于初次接触汉语的学生而言，由于语法知识的不足，阅读过程中不断产生障碍，对所学内容无法进行准确的判断和理解。

传统的自上而下的阅读习惯，对课文逐字逐句地解析，造成阅读速度过慢，阅读量无法提升，对于语言文字的敏感度也大大降低，长此以往对阅读学习产生抵触情绪。又受传统教学理念的影响导致课堂教学效率落后，教学目标难以实现。因此，必须规范教学顺序，进行专项精练。

受历史条件、地理位置及气候因素等的制约，各国文化精彩纷呈，而摆在不同国家面前的，便是文化迥异带来的语言和风俗习惯的各不相同，思维方式也大相径庭。这就要求我们不仅要学会不同语言，更要充分了解各国的风土人情，避免因文化和习俗的差异造成语言冲突。我国受传统儒家文化的熏陶，倡导仁、义、礼、智、信，尊重人的主观感受，以谦让和体谅为美德，而西方国家更加奉行的是以事实说话。主客观的差异深刻制约着语言和文化的交流传播，也进一步影响了汉语在国际环境中的定位。要做到撇开文化和历史的差异而单纯靠语言沟通是难以为继的，正因文化差异的存在，语言表达和行为含义也会产生不同的影响，这都成为制约国际汉语教学推广和发展的关键因素。

三、解决国际汉语教学问题的对策

要想促进国际汉语教学的健康可持续发展，必须尽快创造并完善多元化发展路径，对其进行充分的、有针对性的引导。

（一）优化国际汉语教学培养体系，积极开展趣味教学

作为一门新兴发展专业，国际汉语教学需注重构建科学的教学体系。汉语言研究是一个有机整体，其教学内容和体系是各个知识单元衔接而成的，只有牢牢掌握基本知识，打好基础，不断进行知识的积累，才能获得整体的语言水平的提高。

1. 改革教学方法。国际汉语教学改革的一项重要工作是加强教师队伍的培训。树立正确的教师教学观与创新教学思维，积极进行教学手法的更新。

随着科技的进步，多媒体辅助教学让复杂的知识点立体化、简洁化，让学生在积极的教学情境中体验愉快的教学氛围，充分激发学生的主动参与意识，以此推动课堂教学效率的提升。同时，采取因人而异差异化教学，提高教学内容的生动性，关注学生的个性化差异。教学过程中充分加强对国际汉语教学改革的认识，将信息技术引进课堂教学改革中，全面推动国际汉语教学的发展。

2. 帮助学生树立阅读的自信心和减轻学生焦虑，如降低阅读难度的门槛可从提升阅读趣味性进行。在传统的国际汉语教学中，阅读教学内容枯燥，知识点复杂，教学方法老套，使学生无法充分理解阅读内容，转而逐渐丧失学习乐趣。教学时应采用立体生动的阅读教学手法，如利用多媒体教学设备将寡淡的理论知识转化为生动鲜明的图片、声音甚至是视频内容，以此刺激学生阅读的兴趣点，加深印象。同样地，提升写作的教学趣味性，通过丰富多彩的教学内容和多元化的表达方式引导学生观察并表述理解的内容，只有先提升习作兴趣和表达欲，才能更加有效地完成这一项训练，进而提升教学效果。

（二）构建和谐的文化交流氛围

面对中外文化差异造成的语言交流与沟通障碍，更要注重教学过程中不单一地强调学习技巧和方法的讲解，更要关注对文化和风俗习惯的学习研究，学会因地制宜进行国际汉语教学的推广和开展。

（三）增强师资力量

国际汉语教学的学生来自世界各地，为了提高学生对汉语学习的兴趣，增强其学习的趣味性和主动性，这便要求教师要有丰富的知识文化体系积累和热情饱满的人文情怀，这是因为教师的教学方法直接影响着学习效果和学生的文化知识水平。优秀的人才培养高水平、高素质的学生，这样的良好循环更能促进国际汉语教学的科学性和有效性。因此，作为传道受业解惑的师者，更要树立终身学习的理念，提高自身专业素养的同时，积累丰富的文化历史知识，为国际汉语教学事业增光添彩。

当前国际汉语教学的开展正值如火如荼阶段，这也为传播中华民族悠久历史文化和促进汉语走出国门走向世界打下了坚实的基础。

第三节　国际汉语教学的未来愿景

作为一个文明古国，我国曾经也经历了近代历史的摧残与欺凌，而今日益成长为国际舞台上具有举足轻重地位的和平大国，中华民族既创造着光辉灿烂、悠久的历史，又拥有各民族和谐多彩、中外交融的文化。将自身独有的文化及观念融入国际多元化这一舞台是中华民族的美好愿景。"中华文明与文化传播至海外，走向世界"已渐渐成为当今实现"中国梦"的一个重要组成部分。国际汉语教学，也必然要承担起文化传播这一重任。

国际汉语教学传播的当代价值在于展现中华民族文化的软实力。推广汉语教学的同时，着重推广包含儒家文化在内的中华优秀传统历史文化。传统文化涉及面广，包容万象。涉及思想、价值观等内容比比皆是。儒家思想文化促使中华传统文化观念形成"人与自然的关系中，与自然同源同构，强调保护自然；人与社会的关系中，强调集体主义精神，重视社会稳定；人与人的关系中，重视孝道为中心的家族主义"理念。传播观念虽重要，但筛选传播内容也不容忽视，结合实际情况，挖掘更具适应性的文化层面与思想更能起到良好传播效果。中国当代价值理念吸收"仁、义、礼、智、信"与"自由平等"观念，顺应历史潮流，与时俱进，实事求是。强调"富强、民主、文明、和谐"等中国社会主义核心价值观，充分体现了中国当代文化理念基本准则，这是中国社会和人民的普遍追求目标，也代表了世界文明的发展趋势。

"中国梦"是中国当代价值观的集中体现，是在立足本国国情，放眼世界发展基础上提出来的，具有鲜明民族特色，又具求同存异的包容性。"中国梦"是一个融入了一切先进现代文明元素的、可以为世界共享的新梦想。

21世纪，面临世界全球化和多元化的时代发展背景，我国综合国力和国际影响力日益扩大，汉语及中华传统文化日渐受到众多外国人的喜爱。国际汉语教学传播不仅要让世界了解中国，更在于向世界舞台展示中国良好形象，营造和谐、文明的文化交流氛围。我们理应深入发掘传统文化精髓和内涵，主动将语言和文化推介给全世界，同时延续中华民族爱好和平的历史传统，向世界展现中华传统文化中的正能量。

第二章　从传统文化到国际汉语教学

第一节　传统文化影响下的国际汉语教学

　　随着经济的飞速发展，国际竞争的日益激烈，世界各国的综合实力都有一定程度的飞跃和提升。文化在很大程度上反映了一个国家精神价值，是国家"软实力"的象征，对政治、经济的发展都起着极大的作用。因此，在进行国际汉语教学过程中，应适当传播本民族优秀的历史和传统文化。积极促进我国传统文化在世界范围内的广泛传播，提高中华文化的影响力，同时也有利于中华传统文化的发展。传统文化在国际汉语教学中起着积极的推进作用。

　　在国际汉语教学过程中，主要是通过对外国人开展中国的语言文字教学，来增强其对语言和文字的了解和应用，以此来促进中国的语言和文字走向世界，获得更广阔的发展前景。在具体教学实践中，将传统文化渗透至国际汉语教学体系中，有利于丰富教学内容，推进我国的国际汉语教学事业。

　　除此以外，传统文化中有关教育理念的内容，如孔子的"学而不思则罔，思而不学则殆""三人行，必有我师焉，择其善者而从之，其不善者而改之"等等，这些教育理论的实施和应用也有利于促进国际汉语教学自身的发展。

　　经历了数千年的发展历程，中华民族的一些优秀传统文化得以保留和继承发扬。将传统文化应用到国际汉语教学中，取其精华，择适而从之，更能让传统文化焕发生机。科技和教育手段，也能够让传统文化充满活力，促进其更快更好地发展。

目前，有关传统文化在国际汉语教学推广的必要性已是有目共睹，但在教学方针、教学设计和教学定位等具体文化教学环节上仍未达成共识。当前的文化教学主要分为两种形式：其一是零散地分布于汉语综合课、口语课、听力课等语言教学中的文化知识点学习，而这些文化知识点大部分为文化产物和文化习俗。在这种教学形式中，语言教学是主，文化教学是辅，在有限的课堂教学过程中只能对所涉及知识点和文化层面做浅尝辄止的介绍；其二是专项的文化课教学，因受学生汉语水平和教材内容的局限，课堂教学仍停留在传统节日、风俗礼仪、文化习惯等文化产物和习俗的介绍上，虽然让学生能够"知其然"，但却无法满足其"知其所以然"的学习要求。

第二节　传统文化影响下的国际汉语教学方法

中华民族有着五千年的悠久历史，传承给后代的是取之不尽、用之不竭的优秀传统文化和智慧哲学的思想理念。中华传统文化的弘扬，也体现了中华文化的民族自觉和民族自信。根据国家对外汉语教学领导小组规划，国际汉语教学始终应遵循"汉语—文化—友谊—和平"的轨道发展。因此，如何在国际汉语教学过程中开展特色文化教学，让学生"带着兴趣来，揣着文化走"，如何让学生在学习过程中接触、感受中华文化，理解并爱上中华传统文化，是目前国际汉语教学的一个深远课题。目前的国际汉语教学中有关传统文化的教学显得有些枯燥，从深层面理解，是对传统文化的本质、内涵、外延和与之匹配的传播途径认识的不充分，这也是对授课对象特征和需求未深入钻研的结果。

从本质来看，所谓的传统文化，是一个民族的生存方式。它并非理论，而是实践的结果。中华传统文化是中国人民在长期的社会生产实践中创造、继承并依赖于其中的一种宗教信仰、饮食结构、服饰特色、传统习俗及生活方式等。它并非独立的存在，而是体现在中国人的日常交际、行为模式、生活习惯等方方面面。传统文化的性质和特点决定了国际汉语教学的模式必须

"身临其境"才能更好地体味。

例如我国的"春联"文化，正是独有的文明特色和文学形式。春节时家家户户都会在门上贴春联，春联样式繁多，讲究的是文字简洁、字句工整，寓意吉祥，前后对仗，读起来朗朗上口。抒发美好愿望历来是中国文学的特有形式。上联、下联文字长短虽不限，但讲究对等，横批也要和上下联有所关联。随着社会的发展进步，春联的内容也与时俱进，更加丰富多彩。我们在国际汉语教学过程中完全可以结合"春联"这一传统文学形式与学生进行一场别具特色的教学实践，有关春联的含义和由来及发展历程先对学生进行详细地介绍，接下来学习实践便可以合理地进行了。体验文字的表达和动笔的乐趣更能让教与学这一过程印象深刻，既提高了学生的学习兴致也无形中促进了国际汉语教学的发展。

在具体教学过程中，教师完全可以利用现代化教学手段来进行传统文化的教学，这样既增添了文化呈现的多元化，又提高了学生的学习兴趣。例如传统文化中的"猜谜"活动，猜谜源自于中国古代民间，是人们在长期生活实践中研究出来的一种特色文化形式。谜语由谜面和谜底构成，前者是"题"示也是"提"示，后者是答案。人们通常认为猜谜较难，而其实一个趣味性谜语的"诞生"更需要出题人的思虑，既要展现提问者的思维和智慧，又要体现谜语的特色——精短而又概括。猜谜这一文学样式得以保留和传承，同样展现了中华传统文化的兼容并蓄却又博大精深。

上述的春联文化和猜谜活动这两种体验式教学，强调的是情境的真实性和场景的融入性，通过主体的实际参与，可以使学习者通过亲身体验，形成趣味学习的认知和感悟，更易将所学知识化为己用，转而存储至自身的知识体系中活学活用。

第三节 传统文化影响下的国际汉语教学方法意义与研究实践

一、教学情境

通常认为，学习是具有"情境性"的，学习情境不只会影响学习效果，同时也是学习过程中的一个能动环节。情境是人们开展体验式教学的前置条件，通过情境的设置，学生能够初步获得主观上的感知体验，并迅速投入相应的角色场景中，通过观察、体会和实践的学习方式去获得知识和相应的技能。

传统文化本身的实践性特征决定了情境不仅在教学时的作用尤为重要，甚至还影响了文化教学本身。教学时不仅仅要考量所传授的知识文化，也要着重思考如何恰当地布置相应的文化环境，让学生在（模拟）真实的情境中学习。情境本身就是传统文化不可分割的一部分，学生一旦"身临其境"，文化教学也便悄然开始了。

在教学中，教师应尽可能地让学生身处相对真实的情境中，同时借助多媒体等现代化教学手段，利用背景烘托、影音图片等立体视觉方式，来对所学情境做进一步渲染。一旦进入这个"文化情境"中，不仅让学生在物理空间范围内深受感触，同时也能在主观情绪中准确理解甚至是享受整个学习过程。

二、内容变革

传统文化教学的核心问题——传统文化国际汉语教学教什么、体验什么、想要获得哪些效果。都说中华传统文化内容涵盖广，领域深，但课程有限，面面俱到的教法难免不切实际，学生根本无法理解并领会传统文化的精髓之所在，这样的文化教学也便失去了实际意义。

实践表明，我们应该在教学过程中选择那些可行性强，具有延展性，利于学生创新思维的，既体现中华优秀传统文化内涵，又具有现代意义的内容。如传统中国菜烹饪、中国的茶文化、民间剪纸艺术、中国结编织手工艺、中国画、中国书法等传统文化体验内容。选择的项目要同时包含以下特征：

1. 蕴含浓厚的中华传统文化底蕴，能够代表中华传统文化的精髓。

2. 受场地、工具的限制较小，体验成本较低，可行性强。

3. 体验成果具有方便携带性，能增强学生的成就感。研究表明，学生愿意将成果展示给亲朋好友，这在无形中起到了主动传播发扬中华传统文化的作用。

4. 兼具中华优秀文化的传统性，同时又颇具现实意义。我们首选的应该是依然存在于当代的、生活化的或社会性的项目，甚至是对当代人的思维模式、生活方式起重要影响的项目。这样可以将文化的表现和内涵，历史元素和当代生活有机结合起来。

学生可以根据自身的理解、审美和喜好，对传统技艺进行改造和创新。在选定具体项目后，我们需要思考每个项目具体教什么，让学生学什么，通过学习学生能收获什么。答案是，首先，绝对不能把传统文化体验课当成简单的手工劳技课，而应该作为文化教学的切入口，将传统文化的内涵、意义融入其中，力求在传统与当代之间找到起平衡作用的文化因素。如我们要讲茶文化的内容，不能只是让学生简单地知道茶的发现、传播、种类等，然后观看或体验几种茶道，更应将一些具有现代性的文化内容告知学生，比如："中国人为什么爱喝茶？""中国人爱喝什么茶？""中国人喜欢和谁在哪儿喝茶？""为什么茶有不同的讲究？"针对那些汉语水平较高或接受能力较强的学生，我们还可以和其进行深层次的文化交流，如比较、谈论他们国家的茶文化是什么样子的。通过形成文化交流和体验，来加深跨文化的认识和感知。

三、结构优化

目前国际汉语教学文化课的通常模式是老师借助多媒体教学为主，学生参与性和互动性不足，兴趣难培养造成学习后效差。"教—学—用"一体化的授课方式能够极大地改善这一现象，通过学生的"眼、手、脑"三者并用，能最大限度地调动学生的参与积极性，且收获好，学习成效最优。

"教—学—用"一体化是将中华传统文化外化、物化、具现化的过程。三项环节均以学生为中心展开。"体验"环节可能先于"讲解"环节，也可能在"讲解"环节之后。比如，茶文化体验项目可按照"讲解—体验—讨论"的顺序，传统中国菜烹饪课则按照"体验—讨论—讲解"的顺序。"体验"是教师演示，学生模仿；也可以是学生合作创意，体验成果以小组为单位呈现。文化课不是手工课，因此"体验"并不是课程的全部，教学过程特别强调学生的文化理解。"体验"属于较为初级的学和用，针对兴趣浓厚或接受能力强的学生，课程还可设置进一步提升其对中华传统文化的理解环节——"讨论"。"讨论"的过程实质上是引导学生将中华传统文化内化为自身感悟。"讨论"的内容设计主要是针对跨文化的比较，既可以讨论文化的差异，也可以比较文化的大同，最终目标是求同存异，达成文化的相互理解。

在实际操作过程中，"讲解—体验—讨论"三个环节的时间比例也并非是固定的，要依据课程内容和学生水平而定。比如，设置的是书法和国画课，体验时长应适度增加，讨论时间则适当减少。针对汉语水平高的学生涉及讨论的深度和广度可以加深，而汉语水平低的学生则可将体验时间适度加长，后续的讨论形式和时间也应做相应的调整。讨论不仅应当发生在师生或留学生之间，也可在中外学生之间进行。可以邀请学校社团的同学参与到教学过程中来，提前配合老师布置情境，参与指导学生体验与课程讨论，等等。传统文化课不仅仅是中华文化传播的过程，更是跨文化交流融合的过程。实际情况中，在课程结束后，中外学生都会依据兴趣选择在课外继续讨论和体验，这也在无形中实现文化教学的延伸。

四、课程定制

在国际汉语教学过程中应重视个体差异和定制，即教师应依据不同学生特征，不同的学习需求与不同学习兴趣，以及不同的学科和专业等因素进行个性化定制。比如，来自汉字文化圈的学生和非汉字文化圈的学生，对中华传统文化知识的掌握和接受程度、认同程度、兴趣程度等各方面都有不同。长期汉语进修生和短期汉语进修生可接受文化教学的程度、时间长短不同，思维上对中华文化的融入度和认知度不同（长期汉语进修生可能原本就置身于中华传统文化中，有些文化项目，比如，传统中国饮食，学生完全可在日常生活中体验，所以无须专门开课）。因此，针对不同的学生，体验内容、体验方式和体验重点都应进行相应调整。从而实现一个基础教学目标，多种个性教学定制，多点向面辐射的课程体系。

另外，通过对文化体验程度、深度及广度的把控，课程不应仅应用于外国学生的文化课教学，也应当适用于中国学生的中华传统文化教育。面对留学生的文化教学更侧重于让学生接受、体验；面对中国本科、硕士生则更侧重于让学生了解并传承、传播中华文化。

五、文化教学与汉语学习相互作用

传统文化在国际汉语教学中应起到十分重要的作用，在文化教学过程中要兼顾文化体验、文化理解与汉语学习之间的相互关系。比如，在设计中国书法教学体验课的时候，不仅可以让学生体验书法的基本技法，更可以让学生发散思维，让学生理解"为什么汉字是这样的结构、笔顺？""你认为汉字的美感体现在哪儿？""汉字与中国人的审美有什么样的关联？"针对汉字文化圈的学生，还可以讨论"汉字与他们国家文字的联系"。而对于汉语水平较高的学生，则可以进一步探讨"汉字与中国服饰、建筑的审美联系"等。这种教学方式不但可以加深学生对浅层文化的理解，进而有兴趣挖掘、体验深层文化，并学会欣赏中华文化，起到"以点带面"的作用。这就好似教师带领学生走近中华传统文化的大门，学生将来会自觉地去接触、体验，思考并懂得欣赏中华文化。

传统文化本身是一种生活、思维方式。它既不是概念，也不是知识，更不是技能。针对中华传统文化国际汉语教学，绝不能仅停留在概念传递或是简单模仿的教学模式中。若想获得良好的教学效果，环境设置、课程规划、体验方式、延伸环节都需要一一进行提炼斟酌。实践证明，文化体验式教学因其实践性、亲历性特点，能更好地帮助教师将教学中较为概括、抽象的中华传统文化具体地展开。在中华传统文化国际汉语教学中融入动手、用眼、走心的体验，能极大地提高留学生对中华传统文化的认知和感悟。当然，如何更好地推广中华优秀传统文化，传达给那些汉语学习者或对中国感兴趣的外国人，是一个永远没有最佳定论的问题，只有不断地"思考—探索—改进—实施"，才能促使文化教学始终在前行的路上。

第三章　从语言文字论国际汉语教学

汉字是世界上最古老的三大文字系统（包括汉字、古埃及的圣书字和苏美尔人的楔形文字）中唯一沿用至今的文字。传说汉字起源于仓颉造字。黄帝的史官仓颉根据日月形状、鸟兽足印创造了文字，使而"天雨粟，鬼夜哭"（《淮南子·本经训》）。从历史的角度看，复杂的汉字系统不可能由一个人发明。仓颉应该是在汉字的搜集、整理、统一上做出了突出贡献，所以《荀子·解蔽》中记载"好书者众矣，而仓颉独传者，壹也"。

文字发明前的口头知识在传播和积累中有明显缺点，原始人类使用了结绳、刻契、图画的方法辅助记事，后来用特征图形来简化、取代图画。当图形符号简化到一定程度，并形成与语言的特定对应时，原始文字就形成了。

1994年，湖北杨家湾大溪文化遗址出土了大量陶器。在这些6000多年前的陶器上发现了170多种符号，部分符号的特征与甲骨文很类似。此外，山东大汶口出土陶器上的象形符号、西安半坡彩陶上的几何符号及河南贾湖遗址发现的距今8000多年前的龟甲上的贾湖契刻符号等，都可能是原始文字形成中（或形成前）不同阶段的表现。从甲骨文到小篆，汉字经历了从巨细靡遗描绘意象的方式往简化成容易纪录刻画的方向变迁，字形逐步脱离事物的具体形象。这一时期的汉字也称为古文字。

商周时期的甲骨文已经是一种比较完整的文字体系。在已发现的4500多个甲骨文单字中，目前已能认出近2000字。与甲骨文同期，青铜器上铸造的文字被称为金文或钟鼎文。西周时期的《散氏盘》《毛公鼎》具备很高的史料和艺术价值。

春秋时期，各地诸侯相争，原本周文化独尊的历史局面逐渐崩坏，各地区文化开始有了"地方化"发展趋势。战国时代以后，这种情况尤为明显，在文字使用方面可以依照地域粗略地分为五大系统：东方齐系、东北燕系、南方楚系、北方晋系和西方秦系文字，各地方系统文字大体相近，只有小部分文字略有差异，故而彼此间的文书往来倒也没有太大问题。

秦始皇统一中国后，丞相李斯在大篆（秦系文字）和六国古文的基础上，进行规范和整理后制定出了小篆，作为秦朝的标准书写字体，自此统一了中国的文字。小篆呈长方形，笔画圆润流畅。它的出现解决了各国文字间存在大量异体字的情况，"书同文"的历史从此开始。文字的统一有力促进了不同语族间的文化传播，对中国的统一及东亚各国的文化交流产生了积极的影响，为世界文字史所罕见。

汉字的发展经历了许多不同的演变。初期汉字系统的字数较少，以象形与指事的独体字为主，大量事物以通假字来表示，使文字表述存在较大歧义。例如先秦的"文"，兼有后世的新字"纹"的功能，表示一组包含各种事物的规律、形态，不单指文字的文，也包含野兽身上的花"文"、布上面的织"文"、手指的指"文"等数种含意。除了"凹""凸"等特例直到唐朝才发明，大部分的象形指事字很早就已经定型，成为下个时代形声、会意组字法的基础。

为了能更精准地表述，最早从小篆时代开始一直到现代，伴随着文明发展而不断增加的新事物，以基本的象形指事字为基础，发展了形声、会意组字法，以组合方式细化出大量的字，使得文书上的记载越来越精密，到今天也一直是造字的主力。

厘清汉字造字规律，首先从最基本的象形字或指事字入手，尤其是零起点的外国留学生，这种探求认知汉字的方法，对继承民族智慧、弘扬民族文化，帮助学生循序渐进地提高词汇量是有很大帮助的。

在国际汉语实际教学过程中，紧紧抓住汉字的造字法，用造字规律指导汉字教学，逐步理解一个大体框架：六书中的"象形"和"指事"，出自自然的事或物，称之为"文"；"会意"与"形声"出自人的思维，称之为"字"。汉字的学习过程，像儿童的积木游戏一般，象形字或指事字好比是积木游戏的零件，创造性地组合成会意字和形声字就变得容易而有趣，容易使学生自然地联想到自己的实际生活，增强好奇心，让其不知不觉地自行探索汉字结构，还原汉字表形、表义之原始形式。同时能够使来华留学生更为深入地了解中华传统文化的深层内涵，使中华传统文化通过汉字走向世界。

汉字是中华民族的文化瑰宝，它见证了五千年辉煌灿烂的中华文明，凝聚了丰富深厚的历史文化，是中华民族源远流长、富有生命力的文化载体。与西方拼音文字不同，中国人将自己对外部世界的认识，以及自身的情感体验和道德标准都蕴藏在文字里，每一个汉字都有一段传奇的故事，每一个汉字都是一部富含底蕴的文化史。汉字的基本构造元素是笔画与部首，它的点、横、竖、撇、捺、提、折、钩释放了汉字之源，传递了汉字之理，也展示了汉字之美。这些构成汉字的笔画与部首，就是中华基因的密码。

第一节　从百家姓到自我介绍，论称谓的重要性

一、姓氏文化的当代价值

早在五千多年以前，中国便形成姓氏的观念，并不断发展且世代延续，形成中华民族独具特色的姓氏文化。"姓氏"在现代汉语中虽是一个词，但在秦汉以前，姓和氏有着明显的区别。

姓起源于母系社会，我们的祖先认为每个氏族都与某种动物、植物或无生物（没有生命活动的生物，如矿物）有血缘关系，于是便以其作为本氏族的名称（即氏族的徽号），这便是图腾，有些图腾后来便转化为了人的姓。姓是代表有共同血缘关系的氏族称号，它代表一个氏族名下的成员都出自一个母系祖先。"姓"的造字法属于会意字，古形态是由"人"和"生"组成，意为人所生，因生而为姓。用"女"与"生"组合成姓字，最早见于秦国刻石《诅楚文》，意思是女子所生为姓，生而有姓。因此，中国早期的许多姓，如姬、姒、姜、嬴等，都包含"女"字。

氏是姓衍生而来的分支，起源于父系氏族社会，它出现较晚，为古代宗

族称号或贵族标志。"氏"的造字方法是象形字，最早在甲骨文中便有所记载，释义为木本，即植物的根，后来转注为姓氏的氏，就是取水之源头、木之根本的意思。《左传·隐公八年》记载："天子建德，因生以赐姓，胙之土而命之氏。"意思是说，天子立有德之人为诸侯，根据他的出生血统赐予姓，分封给他土地并且根据封地命名氏。由此可见，先秦时的姓与氏，既有着十分密切的关系，又是两个完全不同的概念。

从社会职能来说，"姓"与"氏"的不同点在于：姓是判断能否通婚的依据，氏则用来区分出身贵贱。战国时期，随着奴隶制与宗法制的崩坏，姓与氏已没什么区别，逐渐成为表明个人及代表所出生家庭的符号。文字有记载的，正式将姓氏混用的是西汉时司马迁所著的《史书》中提到"秦始皇曰'姓刘氏'"。此后，或言姓，或言氏，或兼言姓氏，都是同一个意思。随着姓氏的产生，姓氏学逐渐兴起，最终形成姓氏文化。《汉书·艺文志》所载《世本》15篇，据说为战国时期史官所撰，是中国最早的系统记载姓氏来源的典籍。此后，有关"姓氏"著作层出不穷。其中，宋代无名氏的《百家姓》就以四字为一句，流畅和谐，朗朗上口而广为流传，与《三字经》《千字文》一起，被称为"三百千"，成为我国古代后世蒙学的固定教材，流传至今，影响颇深。

究竟是谁创作了《百家姓》？自何时初具规模？又于何时出版？这些问题直到今天依然是个谜。据明清学者研究，《百家姓》早在宋朝以前就已存在。宋朝初期由一位地处吴、越地区（现今浙江省杭州市）的不知名儒家学者将其编辑、装订成册。《百家姓》将常见姓氏汇编成四字一句的韵文，读起来像一首四言诗，虽然其内容并没有文理，但读来顺口，好学易记。据南宋学者王明清考证，《百家姓》前列几个姓氏的排行是很有讲究的，如"赵"是指赵宋，既然是国君的姓，自然为首；其次是"钱"姓，钱是五代十国时吴越君王的姓氏；"孙"是当时君主的正妃之姓；"李"为南唐国君李氏，这便是《百家姓》开场白——"赵钱孙李"次序的由来。目前发现的现存最早的《百家姓》印刷体是元朝（公元14世纪初）时出版的，依据汉字和蒙文的语音、笔画对应而成。但元朝的版本其实并不完整，流传已久的

《百家姓》其实直到明朝才算收录完全。它最初记载了438个姓氏，其中单姓408个，由102行组成，复姓30个，编成15行。最后一行是"百家姓终"。全书由118行构成，共有472个字。清朝后期又出现了另外一本有关百家姓的著书——《增广百家姓》，全书记录了444个单姓，60个复姓，结束语为"百家姓序"。现存的清朝版本的《百家姓》既有文字又有图画，每页上方除了记录历史名人及其所出家族，文字旁还附有本人的画像；每页下半部是由四个姓氏组成的短句，读起来很像古时的四言诗。《百家姓》不仅在汉族中间广为流传，其译本也在与汉族有着友好往来的少数民族间传播，如蒙古字目百家姓，女真字目百家姓，由此可见《百家姓》的影响程度之深远。

我国姓氏文化源远流长，是民族文化的精髓，具有博大精深的内涵。姓氏合而为一，其作用主要在于"明血缘"和"别婚姻"，所以姓氏对家族、对婚姻制度及相关道德规范，以及社会文化的形成和发展，影响都非常大。今天的现实是历史的发展，当我们顺应历史逐步摒弃了"父纲至上""男尊女卑"等封建思想之后，就会发现现实生活中竟有那么多的社会现象都与姓氏文化有着一脉相承的内在联系。古时候的"同姓不婚"显然就蕴含着某种优生优育的认识，家族观念中的"尊尊亲亲"很早就已从积极方面弘扬了尊老爱幼的社会风尚。姓氏便是我们炎黄子孙的根，无数海外游子回归祖国寻根问祖，展现了他们爱国爱乡不忘根本的美好情操，中华民族强大的凝聚力由此而维系。过去老人常说，盛世修史、修谱，也是基于这一原因。现今我国究竟有多少姓氏？据台湾学者王素存所著《中华姓府》统计共有7720个。而实际上，古今实用的汉字姓氏早已逾一万个。姓氏文化的觉醒与发展，大大丰富了中华文化宝库，使国家和民族更具有凝聚力，使社会更加趋向和谐安定，让我们每个人更能找回原本属于自己的自尊自信，从而提高社会的总体道德水平。

二、称谓的出现与文化的变革

语言是人类社会的产物。随着社会生产力的发展，生产关系的转变，以及社会生活方方面面的变化，新事物、新概念层出不穷，这便要求用语言来反映这些变化以适应实际交际的需要。称谓是人类生活不可或缺的社会行为，随着社会的发展，文化与交际的需要，称谓形式也在不断地发展变化，并且这种发展变化中也蕴含着民族文化变革的脉络。

传统的中国社会是一个封建制宗法社会，宗法制牢牢地约束着人们的社会、政治和经济生活，三纲五常的伦理道德观念与这种封建政治交织，造成了古时候文化难以自解的封闭性和尊卑出身有序的文化心理定式。这就使汉语传统称谓词具有了森严的等级特征，对人的称谓规则是一种"贵贱有等，长幼有差，贫富释重皆有称也"的等级制度，如臣下称呼君王时要用"陛下""万岁""皇上""圣上"等；民称官时则要用"老爷""大人"等；下级官吏称上级官吏时也可用"老爷""大人""足下"；妻子称呼丈夫要称"官人""相公""老爷"，这里的贵贱、尊卑、亲疏、雅俗都具有社会规定性，不能随意颠倒。

中国在经历了漫长的封建社会之后，又度过了一个短促的半封建、半殖民地社会，随后就进入了社会主义社会，社会主义社会人与人之间的关系是一种平等、友爱、相互尊重的关系。于是，现代汉语称谓词与传统称谓词之间就有了一个裂变。带有明显封建色彩的称谓词被现实淘汰，退出了历史舞台，称谓方式也有了巨大的转变，人与人之间互称姓名成了一种最主要的称谓方式。而决不必担忧会因此招来杀身之祸。此外，现如今通称的"同志"一词，为社会各界男女老少普遍应用，它通常不区分对话人的职务、职业、年龄、性别。在一般情况下，语气既郑重又不乏亲切，反映了社会主义制度下人与人之间平等、友爱、合作、相互尊重的新型人际关系。从"长官"到"同志"是新、旧称谓形式的变化，也是新、旧文化观念的转变。它表明现代汉语的称谓原则已是一种平等原则。

表示自称的称谓词同称人的称谓词一样，都是平等性取代了等级性。过去人们自称时往往使用谦称或卑称，如："在下""敝人""下官""卑职""小人""奴才"，这里虽有谦恭的成分，但实质上更多的是体现一种尊卑等级观念。今天，像"在下""敝人"之类的自称词还时有耳闻，但在通常情况下，人们均用以"我"来自称。"我"没有卑下或孤高之义，表达的是一种平等意识。平等原则是现代汉语称谓词的首要原则，是和传统称谓词相异的重点。此外，现代汉语称谓词异于传统称谓词的另一显著特点是，在平等原则的基础上产生了情感原则。

所谓的情感原则是人与人之间相互称呼时，在平等的基础上注重情感的交流和关系的融洽，即尽量用"亲切"的称谓词来称呼对方。人们用来称呼人的方式有很多，如称职务、称职业、称姓名时在姓的前面加上"老"或"小"等显示亲昵的词头，单称呼名时若称谓形式不同则所带有的情感色彩也不同。现实生活中，人与人之间的关系远近亲疏各有不同，在日常交际时，人们往往会在充分考虑对象、环境等因素的情况下，尽量用亲切的方式来称呼对方。

一般来说，称呼他人时似乎有一条不成文的规定，即称呼时用的"字"越少就越显得亲密。在汉语传统社会中，称呼他人要讲究远近亲疏，如"有时称姓名，而有时要称字或号""有时称名则有时该称官衔"。不同形式的称谓词也带有不同的情感，情感不是本质属性。硬要从本质上说，不过是在等级原则影响下的一种"敬谦原则"，它并不同于我们现代汉语中的情感原则。

现代汉语中的情感原则是在平等原则基础上产生的一种新型的称谓原则。它反映了在社会主义社会中，人际关系在平等的基础上逐渐朝着和谐、自然、亲切的方向发展；它反映了社会主义社会中，领袖与群众的关系不是一种森严的等级关系，而是一种平等关系和在平等关系上形成的一种情感关系，这是历代封建帝王和百姓间绝不可能存在的关系。

现代汉语的情感原则同时还表现在人们普遍用亲属称谓词去称呼非亲属关系的人上，如"叔叔""阿姨"等称谓已成为称呼比自己年长一辈的男性、女性的通称。"爷爷""奶奶""姥姥""姥爷""舅舅""姑姑"等也都有了代称非血缘关系的人的意义和用法。

社会制度的更迭与文化观念的变革导致了现代汉语称谓词与传统称谓词之间巨大的差异性。但由于传统中华文化是一种从"农业—宗法"的社会土壤中根植出来的伦理型文化，受世代相沿的影响，不可能立刻随着一种制度的更替而消失得无影无踪。人们也不可能将它完全摒弃，彻底冲破，因为文化作为一种传承有着无与伦比的延续性，它早已深入我们的心态结构，成了一种心灵积淀。人们在反对旧的传统的同时，又在无意中执行着传统的指令。因此，现代汉语称谓词上还深深打着传统称谓词和传统文化的烙印，与传统称谓词之间依存着一种藕断丝连的复杂关系。就亲属称谓词来看，由于中国传统封建社会存在历史较长，人与人之间的亲属血缘关系相当牢固，自古以来没有发生大的变化。因此，反映这种关系的基本称谓一直沿用了几千年。

基于我们的文化重视人伦关系的和谐，使得汉语传统称谓在尊称、谦称的形式外，还衍生出其他一些称谓形式，如爱称、美称、谑称等。这些称谓形式作为尊称和谦称的补充形式，丰富了汉语的传统称谓系统。反过来，又由于这些称谓形式的长期且广泛使用。更进一步地协调了人际关系，维护了当时的理性秩序，促进了社会的和谐安宁。

第二节 "千金"等于一千两黄金吗？数词、量词的应用

在古装剧中，皇帝动辄赏赐臣民"千金"甚至是"万金"。"千金"真的是一千两黄金吗？其实不然，古代黄金的开采量十分有限，格外珍贵。由于币值太大，一般不在社会上流通，常为王公贵族所有，用于赏赐、馈赠等。据《宋史·食货志》记载，北宋皇祐、元丰年间，全国黄金年产量约为一万余两。由此可见，"千金"是一千两黄金仅为虚指，用来表示人或事物的价值极高。在汉语里，数字不但是计数符号，也是语言不可缺少的组成部分，数字词语以其独特的文化内涵和社会功能存在于语言中。数字在语言中的运用更是直接体现了文化的内涵，也体现了中国的语言多样性和包容性。

在传统民俗文化中，有些数字被认为能给人们带来幸运和财富，有的则被认为会给人带来灾难和祸害。如"四"由于谐音，人们常将它与"死"联

系在一起，因而格外忌讳"四"。"七"的字形就像是一条直线从中切成两半，有"切"的意思，因此古人常以七月为处斩犯人的月份，也使得"七"常与丧事联系在一起，所以也有"七"的忌讳，如福建闽南、河南一带就有逢"七"不出门的说法。"八"从字形来看有"分"之意，因而与八有关联的字如"分""半"等都有分之义。"八"作为神秘数字在汉文化中有多种理解，如取其谐音同"发"，香港、广东一带于是把"八"视为财神爷；又因"八"有分别之义，福建、河南、湖南部分地区逢"八"不回家；而河北一些地方的老人如果自己岁数到了"八"就回避，害怕"八"字会为他们带来同人世别离的可能性。"十"的形体囊括四面八方之地，又包含东、西、南、北、中五个方位，因而具有完备之义，一向为人们所推崇，所以很多美好的事物都跟"十"联系在一起，譬如"十拿九稳""十全十美"等。"三"象征天、地、人之道，所以汉民族有喜三的民俗心理，以三为多，以三为全的数字观念在汉字的笔画中也有所体现。古时候汉字里有很多叠字，早期二叠字的数量并不少于三叠字，但后来二叠字大部分消失而三叠字基本保留了下来。三叠字在汉字演变中经久不衰，与"三"在汉民族文化中备受青睐大有关联。

有些短语的含义用词语很难表达出来，即便能表达也要依靠很多赘余的修饰。然而有数字的帮忙，就显得简单易行了，并且很有新鲜感。另外有些数字中所包含的文化内涵是不可替代的。例如，在中国人们都喜欢偶数，而不大喜欢奇数；喜欢9而不太喜欢0，在0至9中人们更喜欢6和8等等。

一、奇、偶数包含的文化含义

汉语词语的文化内涵大多是由时代或历史所赋予的，又或者是在词汇意义的基础上附加上文化象征义、文化比喻义、文化引申义和文化色彩义等等。

在人们日常使用的词汇中不难找出"出双入对""形单影只"等词语，这些虽没有明显的数字词语，但是"双"和"对"都是指两个，"单"和"只"是指一个。"出双入对"表现的是两个人的亲密程度，体现的是中国人特有的和谐。人都是社会中的人，都生活在人情里，所以"出双入对"在时下看来是和谐的表现，更体现了我们友好的人际关系。"形单影只"给人的第一感觉是孤独苍凉，一个人伴随着一个影子，这画面在想象中似乎也格外凄凉……自"出双入对""形单影只"两个词语便可以看出，在和谐的中国社会，我们讲究的是人与人之间的真情，考虑的是个人的小家乃至整个社会大家庭，而非西方张扬个性，表达自我的文化。在中国人的思维里，成双成对才是完美的，单数的东西总是让人感觉孤单，所以这也是中国人格外喜欢繁荣场面的原因吧。

二、数字"一、三、九"蕴含的文化指向

在零到九这十个数字中，"一"和"九"的地位论起来比较特殊。

（一）"一"的内涵

"一"虽然看上去最单薄，但却经常有很多表示，比如"一团和气""众口一词""举国一致"等等，这里的"一"并非用来表示数量，而是其符合心理的一种思想内涵。它的意义就像我们中国的四合院，虽然在家庭内部代表着长幼尊卑之分，但从总体来看表达的还是一个整体，它强调的是家庭的完整性；而国外的建筑，每一户都是独立分开的，他们更提倡的是拥有归属于自己的独立空间。

中华传统文化中所表现出来的更多的是社会的整体性与不可分割性，虽然看似分离的个体之间没什么联系，但终归有某种说不清道不明的东西在维系着彼此，使其置身于平衡的统一体中。这就好比中国的国画，我们很难看到类似西方表现自我的作品，更多的是体现一种意境美，不刻意地专注于某个人或某种物质，就算齐白石画虾也并非只画一只，而是展现了浑然一体的融合美。因此，我们常说的"一团和气"更能表现中国和乐的文化内涵。

（二）"三"的内涵

"三"表示"多"的含义。中国自古以来以三为众，如"三人成虎""三人行，必有我师""入木三分"等等。"三人成虎"并不是说三个人都说看见了虎，虎就真的存在，而是指几个人相传，传得多了就成了

真的，也就是我们常说的"众口铄金、积毁销骨"；"三人行，必有我师"也不只是说三个人走在路上其中就一定有我的老师，而是指在众人里一定有比我强的人；"入木三分"的"三"更不是一个确数，只是借助这样一个数字来表达我们内心中所谓"多"的这个概念诠释。在汉字中，"一""二""三"是用横线来书写表达，而"四"的字形便不再用简单的横线来表示了，由此可知，在人们心目中，三条横线已经很多了，所以才选取这个数字来替人们代言。这种简单也体现了中国人的智慧，用三横表示众多的意思，类似的还有"森""晶""磊"这类字，造字之初便都是参考了古人"以三为众"的思想。

（三）"九"的内涵

"九"在中国历来被看作为最大的数儿，因为再多一点就要轮回般地变成"一"。这就好比汉语词汇中有"一言九鼎"而非"一言十鼎"，有"九天九地"而非"十天十地"。又如柳宗元《登柳州城楼寄漳汀封连四州》诗中曾写道："岭树重遮千里目，江流曲似九回肠。"这里的"九"也是虚指多的意思。人们常说九重天，可见自古以来中国人对于"九"就很偏爱，这也体现了"九"在中华文化中的地位。

语言本就是一种社会现象，同时服务于复杂的社会交际，数字中所附着的情感、态度及个性倾向都在方方面面表达着中华民族的文化内涵，数字本身没有高低贵贱之分，但当人们赋予其一定的含义时，就自然地带上了人的思想和寄托，也便成了中华文化不可分割的一部分了。

（四）末位是"5"和"0"的数词是人们心理上的进制单位

东北火锅店遍地开花，低档的自助火锅锅底18元、20元、22元不等。吃客往往选20元的，这是为什么？其实从心理上来讲18元和20元差不多，也许是20元这家店薄利多销，而18元的肯定比不上20元的，也还有可能是因为从心理上来说"整数"可取。同样，人们往往感觉93和98、98和103之间的差别不一样，过百就是三位数，相差的数无形中被加上了两个零。造成上面两种心理假象的原因是人们在心理上并非只有十进制，末位是"5"和"0"的数都要进位（类似人们常说的四舍五入或化整为零）。当较大一级的进制单位和较小一级的相比时，小一级进制单位就不再起作用，而越大的进制单位左右两边的数差异就越大。从理论上说就是在人们心目中有意无意地都有"质"和"量"的概念，也就是我们通常所说的"度"。在同质的范围内可任意变化，但涉及质变就是另一回事了。中国人常说："你怎么样都可以，但是……"这个"但是"一词前后的意思就是"量"和"质"的关系。而且小的质变积累多了就是大的质，更高一层的质。所以，每个进制单位都是一个质变标记。

三、数字在生活中蕴含的意义

世界上任何一个国家和地区都有自己独特的文化，而语言是文化的直接载体，数字又是语言不可或缺的要素之一，因此数字最能直接反映人们的心理，也能将人们的内心活动通过看似抽象的数字表达出来，这一点在语义十分发达的汉语中表现得尤为突出。比如，日常生活中我们或多或少都曾经应用过类似这样的信息："祝你一帆风顺，二龙腾飞，三阳开泰，四季平安，五福临门，六六大顺，七星高照，八方来财，九九同心，十全十美。""广播寻人：此人一身破烂二目无神，三餐未进四肢无力，五音不全六神无主，七孔流血八卦非常，九死一生十分像你。我要祝他元旦快乐！"等等。由此可见，随着时代的发展，数字文化早已经成为人们的日常表达方式之一，而非仅存于成语之中了。

还有一些数字是人们根据谐音所赋予的带有人类主观感情色彩的象征意义，如"四"谐音"死"，"七"谐音"气"等，都是人们依据日常生活发掘并灵活运用的结果。随着社会不断进步，人的思维也在不断拓展，新鲜新奇的事物总是会被人们吸纳，也势必会带来新的语义表达，这就直接影响了语言的发展。数字化时代为我们带来了越来越机械化的生活，甚至是越来越讲究时效、讲究经济的时代，所以在网上或手机上聊天，为了少打几个字会直接打出"886"，而不像以前一样要打"拜拜咯"，当然这是被当今时代所允许的，也被社会广泛接受的。

随着数字在生活中出现的频率越来越高，不仅仅拘泥于数学课上、收银台前了，它以生活化、特殊化的姿态走进我们的生活。比如，人们在办手机卡的时候，都不喜欢要带"4"的，而"6"和"8"却常是首选，似乎人们已经被这种不成文的约定束缚住了，都会有意无意地这样做。这并非是封建迷信，只能说体现了人们的不约而同或是约定俗成，这也恰恰体现了数字所承载的、其他词汇所不具备的、隐晦的文化内涵。

文化的存在是多元的，数字作为词汇的一部分，更具体地体现着文化。文化与数字的关系也是双向的，数字在体现文化的同时，文化也影响着数字意义的发展。世事洞明皆学问，我们应该多注意身边存在的、容易被人们忽视的文化，这不仅有利于文化的健康发展，更有利于承载文化的载体的保存。

四、数词、量词背后映射的文化心理内涵

在日常生活中，我们曾遇到过这样的情况：中国人习惯使用的标准计量单位是"斤"，而国际通用的标准计量单位却是"公斤"。尽管这两个计量单位之间是很容易换算的，但当某种商品的价格根据国际惯例由每市斤五元调为每公斤十元时，很多人第一印象却是物价上涨了一倍。另外还有一种现象：人们往往认为0.1吨和100公斤是不同的重量。一个是小数点前一个零，另一个是整数后有两个零，二者似乎相差千倍。事实上，以上两种情况的两对数量分别是等量的。为什么同样的数量采用不同的说法却会给人们造成如此巨大的差异之感呢？这和人们长期积存的文化心理沉淀有关。

现代汉语量词丰富是现代汉语词汇的一个基本特点。每个有一定知识的中国人都可以熟练地应用丰富的量词，而且一听到数词和名词组合的语言片段就会下意识地判断出其中的错误，并能轻易地将句子中的数词和量词正确搭配起来，这便给人一种错觉，似乎数词与量词二者是同生同长同用的。但从它们的发展历史来看，二者其实并非同步。在古代汉语中，量词非但谈不上丰富，甚至可以说是非常贫乏的，如"夔一足也"。这句话让人费解之处是在古代汉语中数词和名词是直接组合在一起应用的，这里的"足"究竟是名词还是形容词就很难确定了。到了近代汉语兴起，量词才逐渐丰富起来。

这和中国人重感性，各方面要求细致、严谨的心理有关。而量词一旦应用后，便一发不可收拾，一举成为中国词汇学的一大骄傲之处。尽管如此，人们仍然有一种心理定式：对排在量词前面的数词更感兴趣。

另外，全能的量词"个"也削弱了量词的作用。如果人们一时不能确定某个数词后该应用哪个量词，便可以用量词"个"来顶替。大到一个飞机小到一个纽扣，高级的一个人，低级的一个动物，有机的一个生物，无机的一个石头……量词"个"简直无所不能。反之来看，这就无形中减少了存在大量有细微差别的量词的必要性。从上面这两点可见，文化传统和量词自身的发展使人们不自觉地忽视量词的作用。现实生活中很多人已经认识到这点，如，例如，各级农业单位在报粮食产量时，那些激动人心的粮食产量的单位都是"斤"，而不是"公斤"或"吨"。

五、数量短语的多义现象

多义或歧义是现代汉语中普遍存在的现象，数量短语也不例外，"一点点"这个数量短语在不同的语言环境中表示数量时有很大的差别。"天上星星一点点"这句话的意思是天空中到处是星星，密密麻麻，数也数不清。而"就这么一点点"这句话中的"一点点"却表示数量太少了，这和词义的引申有关。引申的方法与汉民族辩证的观察事物的视角有联系。从春秋战国时老子的"善生于恶，利生于害，大生于小……"等辩证转化的观点开始，中国人总是能把一个事物一分为二，比较全面地看待问题，而且在对立的两方面中分清主次。在不同的环境里，主要矛盾不同，词的意义重心就会偏移，造就出多个相近或相对的意义来。不同的数量词结合有意想不到的附加意义，数词单用有时也有其独特之处。

汉语言文字形成的过程，也是我国古代先人思维方式形成的过程，是我们华夏文化基本特质形成的过程。在中华传统文化的发展变化中，汉语言文字起到了重要的规范与影响作用。正是由于汉语言文字与中华传统文化有着这样密不可分的关系，因此学习和弘扬中国古代的语言文字传统，也是我们国际汉语教学时学习和弘扬中华传统文化的重要内容。

第三节　你好，对不起！论表达方式的花样性

"你好"是很多外国友人学习汉语时接触的第一个词汇，但其实"你好"并非适用于所有场景，打招呼时如果只会说"你好"，在很多场合看来着实有些尴尬。在汉语中，"你好"通常适用于初次见面的场合。早上碰到的认识的人，可以说一声"早（啊）"或者"早上好"，以表达新一天的问候，但并非简单替换时间段进行类推。同龄人之间常常以直呼对方姓名的方式来打招呼。问一些和情境有关的问题也是中国人常见的一种寒暄方式，目的是表达关心，而并非刺探隐私，无须详细正面地回答。如果是在微信平台上，中国人喜爱应用不同的表情包打招呼，且不同年龄层表情包风格不一。

"对不起"作为中文里最常用的道歉语之一，适用范围广。其他诸如"不好意思""抱歉""请见谅""别介意"等各种方式的道歉语就像黏合剂，起着缓和关系、解除误会、赔礼认错等多种作用。

不同的语意适用于不同的语境，中华民族含蓄委婉、幽默风趣、灵活多变的传情方式因有汉语的支持而畅通无阻，汉语以自己独特的个性造就了我们民族的形象。

而外国人用汉语表达思想时发生的偏误是多方面的，混杂现象很常见，这种表达混杂不同于汉语语法病句的句式杂糅，带有外国人使用汉语的独特性。从严格意义上讲，外国人（或留学生）在早期应用的汉语只是一种"中介语"，语言迁移与干扰、过度泛化、教学迁移、学习策略和交际策略等都会在"中介语"中发挥作用和影响，所以，在"中介语"中充满各式各样的偏误。

一、事件与状态的混杂

句子中的动作行为有具体发生的时间，句子便有了过去、现在和将来等表示时间的语法范畴，这就是"时"；句子中的动作行为还有完成与未完

成的区别，句子便有了完成体、进行体等表示动态系统的语法范畴，这就是"体"。英语的"时"和"体"在实际使用中互相重叠和补充，可以产生16种时态，这对学英语的中国学生来说是相当复杂的。汉语和印欧语言在表达时间和状态方面虽然有很大区别，但同样，汉语中有关时间和状态的表达对外国人来说一样复杂，他们常常发生混杂，在留学生的偏误语句中，这种表达偏误最多、最严重。例如：

（1）他<u>一旦</u>看见我，他的脸色马上变<u>了</u>。

（2）他每天学习八个小时，从而<u>能考上了</u>那个大学。

（3）昨天的作业还没做好，要今天早上做，因为<u>唯恐</u>受到<u>了</u>老师的批评。

（4）明天<u>未尝</u>下雨，你放心吧。

（5）尽管以前<u>常常</u>跟他们吵<u>过</u>架，但现在我还是很想念他们。

（6）我在英国学了三年中文，可是我说中文说得不太好，<u>从此</u>，我应该努力学习，提高汉语水平。

（7）小张<u>一</u>喝一杯酒<u>就</u>醉了。

例句（1）中的"一旦"多用于未然状态，"了"表示事物发生变化，属于已然的范畴，二者不能搭配。

例句（2）中的"能"表示对尚未出现的事物的推测或者肯定；例句（3）中的"唯恐"是害怕和担心即将出现某种状态，这两例中都使用了表示"完成""实现"意义的"了"，产生搭配偏误。

例句（4）中的"未尝"表示以前没有发生过某事，和表示将来的"明天"不能放在一起使用。

例句（5）中的"常常"表示多次重复的动作或事物，泛指一般的状态或属性，"过"表示曾经出现的某种特定事物或动作行为，由于这种差别，就使"常常"和"过"应用于一个句子时发生排斥现象。

例句（6）中的"从此"表示"从说话以前的某个时间开始"，并不是从"现在以后"，"应该"表示情理上必须如何做。如果说"从此，我努力学习，提高汉语水平"。就是在说话前的某个时间点以后开始有了"努力学习，提高汉语水平"这件事；如果说"我应该努力学习，提高汉语水平"，则是在说话的时间点以后必须"努力学习，提高汉语水平"。所以，"从此"和"应该"在句中表示的时间和动作的状态是不一样的。

例句（7）中的格式"一……就"表示的是经常性的、习惯性的动作行为，句中的"了"表示某种情况已经发生，表达的是一次性的动作或行为。这句话含义有些奇怪，是说"小张"喝酒经常醉呢，还是说在一次喝酒时醉了。句子表达不甚清楚。这种偏误是动作行为经常性和一次性的混杂造成的，应改为："小张一喝酒就醉（经常性）。"或者是"小张（昨天）喝一杯酒就醉了（一次性）。"

语言学习者的母语和"外语"差异越大，学习者从母语得到的正迁移就越少，也就是说，他的母语及其语言知识不仅不能为"外语"的学习提供有益的帮助，反而会增加"外语"学习的难度，发生偏误的概率也会相应增大，那些与母语相似的部分对学习者来说是容易的，而那些不同的部分则是困难的。

印欧语系的很多语言在表达"时"和"体"时，动词具有明显的形态标记，表达的"时""体"不同，动词也随之发生形态变化以示区别，也就是有区别性特征。汉语表达时间、状态的方式和这些语言的表达方式都不同，汉语中的"时"更有其独特性。汉语的"时"的范畴是通过不同的分析形式和动词的零形式来体现的，前者是通过附加和时间相关的助词、副词等来显示时间关系，后者则是通过动词本身来显示时间关系。而对于汉语中的"体"，一般体现在词的构造和变化上——主要体现在动词加各种表"体"助词上（如"了、着"等）。汉语有多种表体助词，它们的主要功能便是附着于动词，表达一定的"体"的意义。汉语没有严格意义上的形态变化，采用的是分析性手段表达"时"和"体"，具体来说就是，汉语由时间词、副词、助词、动词重叠式和某些结构（如"把"字句、"被"字句、"是……的"句等）来表达。外国学生用自己的母语表达"时""体"驾轻就熟，学习汉语时，却不太可能发生从母语向汉语的正迁移，一切都要从头学起，于是偏误频出。

上述提及的汉语中用时间词、副词和某些结构等表达时间、状态的手段多数是隐性的，传达的是附加信息。以汉语为母语的人会用，但不注意其附加信息，即使在国际汉语教学中有时也会把这些附加信息遗漏。例如，对于"把"字句、"被"字句，教学中多是强调动作的类别、施事和受事的位置，很少强调这两种句式多用于已经完成的情况。如：

（8）显然，<u>她把这件衣服做得很好</u>。

"把"字句一般要求动词是完成的状态（除表示祈使的"把"字句以外），其后常有结果补语，而在例句（8）中，"做得很好"不能确定是结果补语，所以这个"把"字句的可接受性值得怀疑。

从以上分析可看出，汉语中有多种成分和时间、状态有直接或间接的、显性的或隐性的关系，不像英语等印欧语言那样只集中在动词及其助动词上。因此，汉语学习者常常不能全面兼顾，一不留神就会出错。如例句（2）中学生想说"他以后能考上大学"，但不小心用了一个表示完成体的"了"，就产生了句子时间上的混乱。

由于对汉语"时"和"体"这些语法范畴长期存在着争论，所以对于汉语"时、体"的深入研究仍然不够。吕必松（1993）指出："汉语虽然没有动词的时态变化，但它有自己特定的时态表示法，这种时态表示法的规律是什么，我们中国人自己至今还没有完全搞清楚，学生学起来也感到非常头痛。"前面指出，英语的"时"和"体"在实际使用中互相重叠和补充，可以产生16种时态，非常复杂。对于汉语的"时""体"类型，李临定（1990）进行了探索，初步归纳出汉语中有"现在进行时、过去时"等11种"时"，有"开始继续体、持续体"等6种"体"，汉语"时""体"同样复杂。可见，现阶段语言学界对这个问题的研究和解释还很不足，是造成汉语学习者混杂表达的主要原因之一。

二、句子功能的混杂

根据句子的语气，可以将句子分为陈述句、疑问句、感叹句等。这种分类是比较宽泛的，不足以用来分析汉语学习者这方面的偏误现象，需要更为细致的分析。其实，每个句式都有其特殊功能，汉语中句式很多，所以和句式相匹配的表达功能也是多样性的。

从句子功能上来看，每个句子都应该是有独立性的。比如，一个陈述句不能同时也是感叹句。在这点上，汉语学习者并不能准确地把握，而是常常将不同功能的句子掺杂在一起，或者说，一个句子包含两种不同的功能，成为一种混杂句。例如：

（9）五道口不远，从这一直往东走，<u>一溜烟</u>就能到。

（10）<u>我已经干脆</u>和她结婚，你们反对我有什么用？

（11）他被大火烧伤了脸，于是他<u>不得不</u>难看了。

（12）学生们，请你们<u>纷纷</u>表达自己的意见。

（13）你<u>赶忙</u>把屋子收拾一下吧，客人要来了。

例句（9）中的前两个分句是叙述性的，第三个分句本应继续叙述，但留学生却把"一溜烟"这个对具体动作的描写成分掺杂进来，使这个分句变成了对动作的具体描写，这是叙述功能和描写功能的混杂。

例句（10）中的"已经"在叙述句中多叙述动作行为的完成，"干脆"修饰动词时表示要进行某种动作行为的意愿和决心，"已经"和"干脆"都修饰"跟她结婚"，让人弄不清楚到底结婚没有，这种偏误是结果和意愿的混杂。

例句（11）中的"不得不"要修饰的是出于无奈做出的动作，而"难看"是对"他"状态的描写，"他"是不能自己进入"难看"这种状态的，这就把动作和状态混合在一起了。

例句（12）是一句说出来的话，可其中的"纷纷"只用于叙述句中，结果造成了口语和叙述两种功能的混杂。

例句（13）的"赶忙"多用在叙述句中，而这句是祈使句，不宜用"赶忙"，应该用"赶快"，这句是叙述和祈使的混杂。

在汉语里，特定的句式，句中的某些词语（尤其是虚词），句子的语序等都有各自的功能色彩。甚至可以这样说，即使是一个词的变化有时也会使句子整体功能发生改变。在国际汉语教学时，无论是汉语教师还是留学生都重义轻用，即重视意义而轻视用法，尤其在对词语进行解释时，教师常常使用汉语"对等词"的方法，例如，将"一溜烟"解释成"马上、很快"；"纷纷"解释成"有前有后，不一起的"；"一股脑儿"被解释成"全部、通通"。教师这样教，学生这样学，教师别的什么也不讲，学生别的什么也不知道。当学生想把某个意思表达出来时，便在头脑中按照这个意思来搜索词语，结果表达出来的难免出错，因为他并未了解这个词的使用条件。如果汉语教师能够在国际汉语教学时对词语的用法适当讲解，学生就可以有效地避免这类偏误。

留学生语言表达时的混杂偏误源自多种原因，从教学方面看，有汉语教师的问题，教学时对某些语言知识讲得不透或者干脆没有深入，遗漏了某些该讲的内容。另外，目前结合国际汉语教学对汉语研究仍然不够深入，不能很好地为国际汉语教学提供指导和帮助，教师遇到问题时难免会感到无所适从。要解决留学生这两种表达的混杂偏误，汉语教师的教学、汉语教材的编写、语言学界的科研都有责任。也就是说，对于汉语的时间、状态、功能，教师要讲出来，教材要写出来，汉语界要把更深入、细致的东西研究出来。各方通力合作，才能取得效果，才能使留学生的汉语水平有所提高。

第四节　东郭、南郭、北郭，中国到底有几个"郭"先生，成语典故的应用

在生活中，我们有时候会听到东郭先生、南郭先生、北郭先生等成语典故，这些成语究竟应该怎样应用？

"东郭先生"出自明代·马中锡《东田文集》。相传有一天，东郭先生遇到一只狼，看它可怜，便让它藏在自己的袋子里躲过了猎人的追捕。结果猎人刚走，狼就要吃掉东郭先生。释义是对坏人心怀仁慈的人。"子系中山狼，得志便猖狂"便出自这一典故。

"南郭先生"出自战国·韩非《韩非子·内储说上》，说的是中国古代有个国王喜欢听很多人一起吹奏乐器，南郭先生其实不会，但是却一直偷偷

混在里面。而国王的儿子继位后，喜欢听独奏，南郭先生很快被发现，只有逃走了。这个典故的释义是指那些无才而居其位的人。成语"滥竽充数"即出自此。

"北郭先生"则是用来形容那些隐居山林不愿出来做官的人。

中国古代的城市分"城"和"郭"两部分，"内之为城、外之为郭"，城内供统治者居住，郭内供老百姓居住。郭或附于城的一边，或围于城的四周。郭的四周分别叫东郭、西郭、南郭、北郭，所以叫东郭先生、南郭先生、北郭先生是分别指代居住在城市不同位置的人。中国的传统艺术创作自古强调道德感化等功用，特别强调艺术"厚人伦、美教化，移风俗"的社会作用。以上涉及的"某郭"先生的故事都具有不同程度的教化作用。

国学作为民族文化中的精华，其中的历史故事、成语典故等能够激发学生学习兴趣，将其融入国际汉语教学，对其实施细致解读，能够转变传统教学模式中单一的教学方法，提升学生探究式学习的主动性，对学习兴趣的提升能够产生重要影响。国际汉语教学中不仅需要指导学生学习相关的知识，还需要发挥"教书育人"的作用价值，创设一个良好的学习环境，使学生能够感受汉语的魅力。而适当实施成语典故详解，更能够提高学生对所学相关知识的理解能力，展开联想，拓展教学的内容，对学生民族自豪感的形成、优秀文化的传承均能够产生重要影响，使人终身受益。

在国际汉语教学时应用成语典故，能够更好地融入国学文化元素，激发学生学习兴趣；加深学习理解能力；推动优秀文化传承，是提升语文教学质量的有效途径。

近年来，国学逐渐成为热门话题，研究学者对国学文化的重视程度提升，也是研究、学习民族传统文化的良好时机。但是结合当前国际汉语教学的情况而言，多存在着国学教育与实际教学内容相互脱节的问题。国际汉语教学中不仅仅需要指导学生学习相关的知识，还需要发挥"教书育人"的作用价值，为学生创设一个良好的学习环境，使学生能够感受汉语的魅力，加深对学习的相关知识的理解能力。

国际汉语教学中，可以通过构建成语情境，加深学生理解；融入生活元素，引发学生思考等方式，实现成语典故详解。建构主义学习理论认为，学习不是教师向学生传递知识信息，学习者被动地吸收的过程，而是学习者自己主动地建构知识的意义的过程。成语典故详解，可以通过创设情境的方式，使学生能够真正投入其中，加深学生的理解能力，也能够使学生展开想象，对其知识学习、思维的培养均能够产生重要影响。以成语典故"背水一战"为例，详解需要结合学生情况，将相关的历史成语典故融入国际汉语教学，打破传统语文课程与历史学科之间的限制，将知识进行整合。教师可借助多媒体等信息技术软件，为学生播放有关于"背水一战"的相关视频片段，播放激昂的音乐，使学生能够保持一定的兴奋度。在此基础上，可以为学生介绍与之相关的字词。比如"釜""锅"等。也可以为学生介绍秦朝末年的历史故事，结合具体的视频及材料等，使学生更加深入地理解"皆沉船，破釜甑"的内涵。"破釜沉舟"即代表拼死一战，决心很大。适当的教学情境创设方式下，能够使学生身处历史的氛围之中，在一个个经典的历史故事的激发下，学生才能与汉语越走越近，消除客观上的"距离感"，从而提升语言水平。

以成语典故"四面楚歌"为例，出自《史记·项羽本纪》，比喻陷入四面受敌，到达孤立无援的窘迫境地。公元前202年，项羽和刘邦原来约定以鸿沟（在今河南荥县境贾鲁河）东西边作为界限，互不侵犯。但是后来关系被打破，在多次征战后，韩信使用十面埋伏的计策，布置了几层兵力，把项羽紧紧围在垓。项羽由于缺乏斗志，在听到四周响起楚歌后，感到自身陷于孤立状态。教学过程中，可以引导学生一同分析当时的历史环境、人物心理特点等。结合成语典故进行生活现象的分析，比如，在孤立状态下，应该保持怎样的心理状态，引导学生能够勇敢面对一切，保持积极的思想观念，时刻保持"正能量"。

将生活与成语典故相互关联，将国际汉语教与学与个人生活、情感相融合，在日常生活中、学习中遇到困难和问题时，能联想到与历史典故"息息相关"，能够跳出问题看问题，增强学生的心理素质，让学生在认知、情感领域得到全面的发展。

成语典故可以作为我们开展汉语国际探究性学习的载体，成语典故的选择是关键。首先，在成语典故的选择与运用上要注意成语典故的典型性。典型性是指要选择的成语典故能说明问题，只有运用典型的成语典故，才能使学生产生浓厚的兴趣。其次，成语典故的选择与运用尽可能地选用与语文教材相关联，这样才能吸引学生的注意力，起到激发探究兴趣的作用。如"三过家门而不入"是大禹治水匆忙的脚步；"不为五斗米折腰"是陶渊明高昂的头颅；"不入虎穴，焉得虎子"是"不经风雨，怎能见彩虹"的最早诠释；"失之毫厘，差之千里"，道出了细微的重要性；"不识庐山真面目""百闻不如一见"，告诉人们实践的重要性。总之，利用成语典故开展国际汉语教学不但能够很好地改变过去传统的接受式学习方式，培养学生的探究能力和创造精神，给国际汉语教学带来无限生机，还能达到一箭几雕的效果——文史、文政不分家。

第五节　二十四节气凝聚中华民族悠久历史文化，其背后有哪些含义

随着社会的快速发展，文化的国际传播越来越成为一个热点。在各民族文化的交流过程中，要想再进一步发展，就需要积极地对外传播民族文化精华。同时不断汲取其他民族优秀文化，在不同文化间的碰撞和交流中吐故纳新，为世界文化的不断发展贡献出中华文化的一部分。孔子学院就是我国文化在国内外传播的方式，孔子学院自2004年在韩国成立以来，便在世界快速发展起来。随着以二十四节气为代表的传统民俗文化在世界各大孔子学院中授课传播，我国的优秀传统文化习俗逐步渲染开来。

一、二十四节气的含义

传统二十四节气是中国古代农民根据天文、气候和自然时序总结而成的一种历法规则，用以指导农民一年四季的农事活动，是中华民族文化的典型代表。至今，二十四节气还在自然科学文化工程项目中占有一席之地，在国际气象界被誉为"中国的第五大发明"。这也是对中国劳动人民长期经验的积累和智慧结晶的一种肯定。

二十四节气均匀地分布在一年的十二个月之中，它们分别是：

立春，代表四季第一季——春天的到来。

雨水，春雨渐渐多起来，滋润万物，庄稼开始生长。

惊蛰，春雷开始响起，冬眠动物开始活动。

春分，太阳直射赤道，之前的昼短夜长时间结束，昼夜平分。

清明，气候变暖，草木开始茂盛起来，春耕春种农忙开始。

谷雨，雨水增多，黄河以北忙于播种。

立夏，夏天的开始。

小满，暗指夏熟农作物开始灌浆饱满。

芒种，小麦、水稻等有芒的农作物开始收获（麦）、播种（稻子）、管理。

夏至，太阳直射北回归线。

小暑，进入全年最热时段。

大暑，夏季最后一个节气，天气炎热至极。

立秋，秋天的开始。

处暑，处，止也，暑热结束的时期。

白露，寒气渐渐来临，露凝而白。

秋分，太阳直射赤道，昼长夜短时期结束，昼夜平分。

寒露，露气寒冷，也是秋收秋种时节。

霜降，露凝为霜，开始降霜。

立冬，冬天的开始。

小雪，开始降雪（黄河流域）。

大雪，降雪越来越多，渐渐开始积雪。

冬至，太阳直射南回归线，而后，夜变长昼渐短。

小寒，开始进入寒冬时期。

大寒，进入一年最冷时期。

二、二十四节气的由来

二十四节气与太阳周期有关，根据地球绕太阳一周的公转时间计算而成，刚好和阳历的计算方法相同，这也是为什么每个月都固定有两个节气的原因。随着地球在公转轨道上位置的变化，节气也在交替改变着。

二十四节气是我国劳动人民在生产劳动中不断地积累和总结经验，并结合四季的气候变化将雨、露、霜、雪等的变化规律总结而成的。早在公元前七世纪（春秋时期），我国人民便创造了利用土圭测日影长短的方法，定出夏至、冬至、春分、秋分四大节气，并结合立春、立夏、立秋、立冬将一年清楚地划分为四个季节。

三、二十四节气与历法

二十四节气被誉为"农事历法"，是我国农业气象方面的宝贵遗产，是中华文明的代表之一。早在春秋战国时期，人们就定下了仲春、仲夏、仲秋、仲冬四个节气，日后又不断地补充完善。一直到秦汉时期，《淮南子·天文训》才有"二十四节气"的完整记述。汉武帝太初元年，第一次将二十四节气编订到历法之中，并以没有中气的月份为闰月。

二十四节气与历法息息相关，而历法又是根据天象观测制成。历法一般又被分为三类：阳历、阴历和农历。阳历是以地球绕太阳运行作为依据的历法。目前通用的公历即是阳历的一种，由另一种阳历——儒略历修订而成。公历以地球绕太阳一周的时间（回归年）为一年。阴历是根据月相圆缺变化的周期（即朔望月）来制定的。阴历的一个月，就是根据朔望月定出来的。因为古人称月亮为太阴，所以又有"太阴历"之称，是纯粹的阴历。农历是把朔望月的时间作为历月的平均时间，并又运用了设置闰月的办法，使历年的平均长度等于回归年，这样它就又具有了阳历的成分。所以它比纯粹的阴历更科学。一般人叫它"阴历"，那是不对的，因为它是阴阳合历，以前称之为它"夏历"，1970年以后中国将其改称为"农历"。

四、二十四节气与传统及民俗文化的国际传播

（一）农事节日

我国自古以来都是以农业为主的国家，农事节日一般就是农业活动的纪念日。这些农事节日也是以历法和季节为基础，以特定风俗为主的周期循环的传统节日。

我国历法是把一年分为十二个月份，在十二个月份中又按照季节和气候的变化规律把一年分为二十四节气。节日的形成又以节气为前提条件，所以一批"常日"就凸现出来，例如，立春、清明、夏至、冬至都与后来的节日有关。例如，部分北方地区有将夏至作为节日，敬太阳的习俗；还有将以冬至为节日，冬至吃饺子；尤其是"清明"从节气演变为重要的传统节日——清明节。

（二）谚语与二十四节气的继承和传播

谚语是我国传统文化的一个重要组成部分。谚语已有两千多年历史，在先秦时代就有记载。《左传》《战国策》及《史记》都有所记载。谚语的形成也离不开农业的发展，人们在农业生活和气候变换、天气变化中编写了很多朗朗上口的谚语。二十四节气与农业、气候有千丝万缕的关系，势必也与谚语有紧密联系。例如二十四节气的谚语："清明下种，谷雨栽秧"指导人们不要过早地在立春就播种，过晚地在谷雨播种，要在清明播种正好，两不耽误，顺天耕作。又如在冬小麦的播种期，从北到南相差达五个节气，即是在同一地区，又有"白露种高山，秋分种平川"的农谚。人们将二十四节气编写成朗朗上口、便于记忆的谚语，指导农业耕作。

（三）中医养生

二十四节气不仅仅是气候和农业耕作的总结精华，还在中医养生方面有

一定影响力，主要体现在人们生活的日常起居，饮食方面。中医也是我国悠久的文化，其精华是"顺应自然、效法自然"，这刚好和二十四节气的"顺应自然，总结规律"相呼应，根据二十四节气的养生方法，符合"天人合一，分经治病"的自然规律。

二十四节气在现代医学中也有指导意义。现代研究表明，以自然节气变化作为疾病发生的一个重要因素理论是成立的，例如，不适应四时节气变化易染病，后续可能发生伤寒或发热等疾病，并有"阳病发于冬""阴病发于夏"等理论。在传统医学——针灸中也有理论指导，在《内经》中明确指出："正月、二月、三月，人气在左，无刺左足之少阳；四月、五月、六月，人气在右，无刺右足之少阳……"在不同的节气天时条件下，治疗也应该有所宜忌，因为人体在四时节气的转化中也会相应地出现阴阳变化。

中医影响越来越大，很多国外友人慕名而来，根据不同节气的不同气候，调理身体的阴阳平衡。

（四）艺术创作促进国际文化交流

艺术创作的民间年画是保留和传播文化的重要途径，民间年画中的农业技能、二十四节气等，对农业的发展和农事活动有指导意义。如传统的民间年画《节气图》《大春牛》《春耕图》（又名《芒神春牛图》）等，这些都是在当时普遍受到农民欢迎的年画艺术作品。

古代的农民并没有权威的历书（日历），只有家里一直挂着的《春耕图》，图中就是一位芒童神，一手持短鞭，俗称句芒，象征春天来临；另一手持"春"字。图上还附带印有二十四节气日月表，农民按图上节气耕作务农，就会不误农时。在适时耕种是保证来年五谷丰登的关键，许多民间年画作品都表达了这种思想和认识。

传统年画《灶神》也非常实用地附有"农家历"，它是一年之中农事活动的"家典"，基本涵盖了农家生产生活的需要。"农家历"中对一年四季，二十四节气，全年农事活动的播种、管理、收获、储藏等等，都做了明确的规定。如清代年画《斗柄回寅》（福建漳州）就是根据"斗柄指东，天下皆春"的天文学常识而创作的。这类年画寓教于乐，既有艺术品位，渲染年节喜庆气氛，又传播天文历法知识。

中国古画是值得收藏和耐人欣赏的作品，很多外国收藏家，将我国古代的艺术图画收藏欣赏，并学习画中二十四节气的意义。

二十四节气作为华夏民族祖先独创的科技成果，历久弥新，其对中国人衣、食、住、行和精神生活的影响将会持久恒远，二十四节气来源于我国的传统文化，有传承和演变创新的特点，保持着与时俱进、"以人为本"的思想，其所蕴藏的深厚文化内涵将永远成为中国文人取之不竭的创作源泉，成为中国人民享之不尽的宝贵精神财富。

第六节 中国传统习俗行为的由来与演变

特定的自然环境，造就了一个民族独特的生存方式，以及在此过程中演变而来的民族精神与传统文化。这种精神与文化，被一些学者称之为"精神植被"。相较于自然界中的自然植被覆盖度而言，一个民族的"精神植被"覆盖度，是常常被忽视于无形的一个议题。

一、中国传统节日习俗的文化特制

（一）节日内涵

以天人合一为"精神植被"的中国，作为一个数千年来追求与自然植被和谐共存的民族，有着发达而悠久的农耕文明。在这种农耕文明中，一方面，强调人与自然的和谐共存，以二十四节气为依据来安排农事生产与生活，以自然时序的节奏作为传统节日的周而复始的节奏，形成一种天地与万物、与人的生理状态上的天人合一；另一方面，强调岁时节令中人与人之间的和谐共存，以传统节日期间一系列的礼乐规范与庆典仪式，来调整自身与他人、与社会的平衡关系，通过将"天地尊亲"联系在一起，使整个社会实现了"修身、齐家、治国、平天下"的同构格局，这是一种天地与万物、与人的社会结构上的天人合一。

天人合一，是中华传统文化的基本精神，也是中国传统节日的"精神植被"，是作为精神依托的基本信念。

就具体表现而言，天人合一在中国传统节日习俗中的表现可以分为二个维度，即自然文化维度与人伦价值维度。在自然文化维度，中国传统节日的来临，宛如一幅自然节气变化图表在徐徐展开。春节迎新、清明踏青、端午赛舟、七夕观星、中秋赏月、重阳登高……，这种让自身行为与自然节律相一致地尊重自然、亲近自然的表现，是一种自然文化维度上的天人合一的追求。而在人伦价值维度，中国传统节日的意义追随，宛如生命长河里一朵人伦和睦之花在生生不息地绽放——除夕团聚的天伦之乐、清明扫墓的尊亲敬祖、端午纪念屈原的忠孝节义……这种通过一系列庄重的节日庆典和仪式等活动，来赋予特定时空里的生命以终极意义的表现，是一种人伦价值维度上的天人合一追求。

来自农耕文明、又反馈给农耕文明的中国传统节日，是本民族岁时节令文化的活字典。由春节、元宵节、清明节、端午节、七夕节、中秋节、重阳节等组成的完整而和谐的中国传统节日体系，错落有致地分布于一年四季，将一份独有而连贯的民族感情于潜移默化之间铭刻在人们的心底。这种自史前人类社会组织就很珍重的意识，赋予人们历史感、归属感、追随感，令深承民族之荫的每一个子民，面对过去、现在和未来，能够为一种充满醒目意义的人生努力，并世代绵延不绝！

（二）节日形式：基于农历"可视化"的社会生活节奏

基于农历而来的中国传统节日，从节日日期的确立到节日形式的多样化呈现，一方面与春种、夏锄、秋收、冬藏的生产性节律相呼应，另一方面与春祈、秋报、夏伏、冬腊的岁时性生活节律相呼应。就节日日期而言，从春节、清明、端午到中秋……所有节日都井然有序地分布在一年四季，赋予人们的社会生活一种张弛有度的自然节奏。就节日形式而言，春节迎新、清明踏青、端午赛舟、七夕观星、中秋赏月、重阳登高……所有节日都被赋予了驱邪祈福、尊亲敬祖、慎终追远、忠孝节义、天伦乐融……这样的一种或者多种意义色彩，通过有别于日常生活的节日饮食、服饰、礼仪、娱乐等程式化的习俗表达，将人们带入一个不同于日常世俗时空的神圣历史时空之中，赋予人们的社会生活一种民族集体记忆的人文节奏。"自汉代以来清朝两千年的漫漫历史长河中，每到立春、除夕、元旦、人日、元宵、上巳、寒食、清明、浴佛、端午、七夕、中元、中秋、重阳、春秋社日、腊日、冬至等这些重要的节日来临，从官方到民间，从城市到乡村，人们总是全身心地投入到节日庆典活动之中"，然而面对一年四季错落有致的节日，历朝历代的官员并不能像农民那样自主安排以示庆贺。汉代时，冬至、夏至这两个节日是必须放假的；唐代时，清明和冬至各放假一至三天，让官员回家祭祀祖宗，称之为"至日"；宋代时，元旦、寒食、冬至各放假七日，上元、中元、夏至各放假三日，立春、清明各放假一日，过年放假一个月；明代时，元旦、元宵、中元、冬至等节日共可放假18天；清代时，基本上沿袭明代节假制度。

在色彩纷呈的节日庆典活动中，无论是官方还是民间，基本都是通过两种主要方式来进行节日的参与体验和生命价值、民族身份的确认：一种是追随自然的方式，比如清明折柳，端午采艾叶、菖蒲，重阳遍插茱萸；另一种是追随人文的方式，比如春节贴春联、元宵节赏花灯、端午节佩香囊……这两种节日庆典方式分别赋予了社会生活以自然节奏和人文节奏，是可视化的，鲜明醒目，周而复始。历经几千年的积淀之后，绵延不绝的岁时节日礼俗，终于超越了它生发的传统农业社会而成为民族的象征、集体记忆的载体。

（三）节日活动：民间"瓦肆"里的"活态文化"

两宋时期应运而生的"瓦肆"，作为市民阶层娱乐消遣、休闲健身的场所，可以提供多样化的服务，有技艺表演，有各种健身的体育运动，有专职的棋艺人员陪游客对弈，有水的地方有游船供出租……市井之地有"来时瓦合，去时瓦解"的游乐商业集散场所"瓦肆"，乡土之地自然也有"来时瓦合，去时瓦解"的游乐商业集散场所，不妨亦称之为"瓦肆"。市井"瓦肆"和乡土"瓦肆"，对中国传统节日而言，都是极为重要的节日活动场地，同时也是具有象征性的文化空间。在这种文化空间里，多姿多彩的民间工艺品、节日小吃，以及杂耍、戏曲、绝技等，都得以传承，成为深深植入人们日常生活与精神世界的"活态文化"。

"生活中不可无节日"，节日是人们社会生活和自身调节的一种节奏；"节日里不可无活动"，尤其是节日体育活动，是节日期间最激动人心的"点睛之笔"。谈及节日体育活动的起源，可追溯至上古祭祀。作为人们调节、联系、沟通人与神秘自然的重要形式，定期的祭祀活动逐渐演变为原始的节日体育活动。

为了纪念某些历史人物、事件和传说，人们通过在相关的节日里举行一系列的体育活动来表达惩恶扬善和追求真善美的思想。就其性质而言，传统节日的体育活动是中国传统节日期间以娱乐为主要目的一种民间体育活动。它萌芽于先秦，成长于秦汉魏晋南北朝，定型于隋唐两宋，兴盛于元明清。

在错落有致分布于一年之中的传统节日依次来临期间，各节日里独具特色的节日体育活动也热火朝天地轮番上演。春节期间的社火表演（大鼓、唢呐、高台、高跷、舞狮舞龙、推小车、旱船、秧歌等）；元宵节期间的张灯、观灯、闹花灯、猜灯谜、放烟火、送花灯等；清明节期间的放风筝、打秋千、蹴鞠、射柳等；端午节期间的赛龙舟、斗百草、刺五毒、沐兰汤等；重阳节期间的登高、插茱萸赏菊等，所有这些色彩斑斓、形式多样的传统节日体育活动，其特有的娱人功能，长期在中国民间社会生活中发挥着传承文化、整合社会的巨大作用。也正是这些引人入胜的节日体育活动，使得中国传统节日成为民间"瓦肆"里的"活态文化"。

二、中国传统节日习俗的现代传承

（一）原生态意义系统上的"朝花夕拾"，整个民族的精神"安全阀"

工业社会的大机器生产方式、后工业社会的数字化生产方式，对农业社会的农耕与手工业生产方式的根本性取代，使得几千年来深深根植于农业社会土壤的中国传统节日，失去了赖以生存的生态环境。但这并不意味着它不能在现代社会里涅槃重生。

历经千年涤荡，能够流传下来成为传统节日、成为民族集体记忆的意义系统，拥有着如同人体基因一样强大的内在稳定性，也拥有适应性进化而融入现实的强大能力。春节、清明节、端午节、中秋节……能够穿越千年的制度更迭而不消失，是因为节日各自的主题如驱邪祈福、尊亲敬祖、忠孝节义等，和节日有共同的基本内涵"天人合一"，适应了人性的需要，而与生产方式的变化没有必然对应的关系。

今时今日，国人需要对传统节日的原生态意义系统进行一系列传承的工作，需要适当传承与升华对自然与祖先敬畏的信仰，强调"亲近自然、和睦家庭"的节日主题，这样将使人们在参与传统节日时体验到一种绵延不绝的神圣感与归属感，而这种不同于日常时空的情感体验，将是对国人日常生活奔波状态的一种精神慰藉，具有"安全阀"的作用——整个民族的精神"安全阀"。

（二）重启农历的"文化记忆"功能，形成新的民族生活节奏

今时今日，国人依靠着商家的节日造势来认知传统节日的日期（农历）临近，消费着商家提供的节日产品与服务，而认知传统节日的味道"越来越淡"了。在此过程中，我们不仅失去了传统节日的自然节奏与人文节奏，我们还疏离了跋涉千年而来的一个民族的灵魂，最后放逐了自己的精神飘荡至无根的境地。国人在历法的选择上首选公历（西历），而不是农历（阴历），这对于以农历为依托的传统节日而言，影响是很深远的，潜在的代价是不容小觑的。虽然在现行的历书上，是农历与公历并存，公历附带星期，农历附带节气，但公历总是处于更醒目的位置，从机关学校到企事业单位等，几乎所有的正式场合，都是遵循阳历计时。随着工业化和都市化进程的加快，农历正日渐淡出都市年轻人的视域。

农历作为中国的传统历法，时至今日仍是东亚地区的传统历法之一，也是全球华人庆贺民族节日时所遵循的历法。它是中华民族的历史记忆、文化记忆与情感记忆。今时今日，我们应该给予农历应得的位置，不仅是为了传统节日的发扬光大，为了民族生活重新拥有自然节奏与人文节奏，更是为了我们自己的生命可以感受到神圣与庄严的千古意义。

（三）打造传统节日习俗的"活态文化环境"

中国传统节日体育活动，源于祭祀活动中的休闲娱乐与岁时节令的变化，故而具有休闲性、娱乐性、节令性的特点。比如"寒食蹴鞠，三月三放风筝，九月九登高"等，这些运动的主要目的就是休闲和娱乐。在中国众多传统节日体育活动中，大多是与驱邪防病、祈求长寿、欢娱身心相联系，如"踏青、赛龙舟、登高、舞龙和驱傩"等具有代表性的民俗体育活动。娱乐是使传统节日习俗源远流长的主要形式，传统节日体育活动所代表的非功利性和娱乐性，符合人性的终极追求。游戏的本质是自由，而传统节日体育活动就是非体育化的游戏，通过参与传统节日体育活动，可以满足人类追求自由、愉悦身心的最终目标。

今时今日，若想使中国传统节日习俗成为当代的一种"活态文化"，就必须提供一种"活态的文化环境"。

中国传统节日体育活动，因其具有节令性、民族性、仪式性、娱乐性等特征，而虽经几千年朝代制度的更迭，却始终都是民众生活最富生命张力的重要组成部分。有鉴于此，在当代社会积极推广民间传统节日体育活动，就相当于为传统节日习俗的传承创造了珍贵的"活态文化环境"。

三、日常生活中的传统礼仪习俗

中国素称"礼仪之邦"，"礼"在社会无处不在。出行有礼，坐卧有礼，宴饮有礼，婚丧有礼，寿诞有礼，祭祀有礼，等等。这里的"礼"包含了礼制的精神原则与礼仪行为两大部分，礼义是礼制的精神核心，礼仪制度是礼仪精神的外在表现，二者关系密切。这里只就日常生活中的礼仪简要介绍：

【行走之礼】在行走过程中同样应注意人际关系的处理，因此有行走的礼节。古代常行"趋礼"，即地位低的人在地位高的人面前走过时，一定要低头弯腰，以小步快走的方式对尊者表示礼敬，这就是"趋礼"。行走礼仪中，还有"行不中道，立不中门"的原则，即走路不可走在路中间，应该靠边行走；站立不可站在门中间。这样既表示对尊者的礼敬，又可避让行人。

【见面之礼】人们日常见面既要态度热情，也要彬彬有礼。与不同身份的人相见，都有不同的规矩。比如，古代一般性质上的打招呼，在上行拱手礼。拱手礼是最普通的见面礼仪，方式是双手合抱（一般是右手握拳在内，左手加于右手之上）举至胸前，立而不俯，表示一般性的客套。如果到别人家做客，在进门与落座时，主客相互客气并行礼谦让，这时行的是作揖之礼，称为"揖让"。作揖同样是两手抱拳，拱起再按下去，同时低头，上身略向前屈。作揖礼在古代日常生活中为常见礼仪，除此之外，现代向人致谢、祝贺、道歉及托人办事等也行作揖礼。身份高的人对身份低人的回礼也常行作揖礼。社会对至尊者还有跪拜礼，即双膝着地，头手有节奏触地叩拜，即所谓叩首。现今跪拜礼只在拜年时能够见到，一般不再施行。在当今社会人们相见，一般习用西方的握手礼。

【入座之礼】社会礼仪秩序井然，座席亦有主次尊卑之分，尊者上坐，卑者末坐。何种身份坐何位置都有一定之规，如果坐错席位，不仅主人不爽，自己事后也会因失礼之事追悔莫及。如果自己不能把握坐何种席次，最好的办法是听从主人安排。室内座次以东向为尊，即贵客坐西席上，主人一般在东席上作陪。年长者可安排在南向的位置，即北席。陪酒的晚辈一般在北向的位置，即南席。入座的规矩是，饮食时人体尽量靠近食案，非饮食时，身体尽量靠后，所谓"虚坐尽后"。有贵客光临时，应立刻起身致意。

【饮食之礼】饮食礼仪在中国占有极重要的位置，在先秦人们以"以飨燕之礼亲四方宾客"，后代聚餐会饮也常常是一幕幕礼仪话剧。迎宾的宴饮称为"接风""洗尘"，送客的宴席称为"饯行"。宴饮之礼无论迎送都离不开酒品，"无酒不成礼仪"。宴席上饮酒有许多礼节，客人需待主人举杯劝饮之后，方可饮用。所谓："与人同饮，莫先起觞"。客人如果要表达对主人的盛情款待的谢意，也可在宴饮的中间举杯向主人敬酒。在进食过程中，同样先有主人执箸劝食，客人方可动箸。所谓："与人共食，慎莫先尝"。古代还有一系列进食规则，如"当食不叹""共食不饱、共饭不泽手""毋投骨于狗"等，主客相互敬重，营造和谐进食、文明进食的良好氛围。

【拜贺庆吊之礼】中国自古是一个人情社会，人们相互关怀、相互体恤，在拜贺庆吊中有许多仪礼俗规。拜贺礼一般行于节庆期间，是晚辈或低级地位的人向尊长的礼敬，同辈之间也有相互的拜贺。如古代元旦官员朝贺，民间新年拜年之礼。行拜贺礼时，不仅态度恭敬，口诵贺词，俯首叩拜，同时也得有贺礼奉上。庆吊之礼，主要行于人生大事中。人的一生要经历诞生、成年、婚嫁、寿庆、死亡等若干阶段，围绕着这些人生节点，形成一系列人生礼仪。子孙繁衍是家族大事，诞生礼自然隆重热闹。婴儿满月时，亲戚朋友纷纷上门恭贺，并馈赠营养食品与幼儿鞋帽衣物等。小孩长大成人时要行成年礼，成年礼在中国社会称为冠笄之礼。古代男子20岁行加冠礼，重新取一个名号，表示该男子具有了结婚、承担社会事务的资格。古代女子15岁行绾发加笄礼，表示到了出嫁的年龄。现代成年礼的年龄在18周岁，学校举行集体的成年宣誓仪式，强调青年人的成年意识。婚嫁是人生的大事，社会十分看重。婚礼有六道程序，所谓"周公六礼"，即纳采、问名、纳吉、纳征、请期、亲迎。宋代简化为问名、纳弊、亲迎三礼。婚礼的高潮在亲迎，新郎要到女家亲自迎娶新娘，新婚夫妇拜堂之后洞房。大婚之日，亲友纷纷前来恭贺，主人要大宴宾客。寿诞礼，一般在四十岁以后开始举行。生日那天有庆生仪式，亲友送寿礼致贺。

最后一道人生仪礼是丧礼。中国人重视送亡，丧礼发达。人死于正命，是白喜事。亲戚朋友都来吊唁。为了表示哀悼心情，人们要奉上挽联、挽幛或礼品、礼金。亡者一般在三五天内入殓安葬。拜贺庆吊之礼显示了人们相互扶助的社会合作精神与社会团结的气象。中国人的礼制精神是亲亲爱人，礼仪原则是自卑尊人。在与人交往时要放低姿态，谦恭待人、尊重他人，以赢得他人的尊重。如果地位高的人屈尊结交比他地位低的人会得到很好的社会效果，"若要好，大敬小"。并且敬人不仅是礼貌的姿态，或仅为礼仪性的表示，而是要有发自内心地对他人的尊重。如果没有发自内心的恭敬，礼节就成为虚套，这就不符合礼义标准。礼俗中诚敬谦让，和众修身的礼义原则在当代社会仍然值得提倡。当然现在我们对礼俗的继承是一个复杂问题，需认真辨析，择善而从。

第四章　从诗意国学赏国际汉语教学

第一节　中国画：分门别类细勾勒

一、国学与中国画

国学是中国画的基础，国画也可看作是中国古代文化精神的个性化代表之一，是国学的成熟样态之一。笔墨不仅仅是材料、工具、技法，也是一种精神状态。毛笔能表达出平静的理性，这种平静理性中又蕴含充分的感性。南宋赵孟頫说"书画同源"，所以中国古代的画家也大多都是书法家。

我国很多历史文化都与中国画息息相关，那些描述我国大好河山的壮丽诗句，都能通过中国画的形态体现出来。对中国画感兴趣者要想掌握中国画基本功，创作出好的作品，除了要学习精湛的绘画技艺，还要了解国学知识，这样画出的中国画才是有灵性的。

"国学"本意是国家一级的学科，后历经时代的变迁，国学的内涵就变成了用中华传统文化典籍为载体，展现中华民族传统社会价值观与伦理道德观的思想体系。国学研究主要指对中华传统文化的研究，当然也就包括对中国画的研究。中国画隶属中国古代文化的范畴，也是国学的成熟样态之一。

孔子曾在《论语·为政》中道出了对生命历程的感悟："吾十五而志于学，三十而立，四十而不惑，五十而知天命，六十而耳顺，七十而从心所欲，不逾矩。"这句话体现了孔子实现从人生的修境到悟境到证境的过程。明儒顾宪成曾在《四书讲义》中解释道："这章书，是夫子一生年谱，亦是千古作圣妙诀。"中国人的传统文化理念就是追求内在升值路，完善个人道德品行。那些历代杰出的艺术家大多身具高尚的学品、人品、画品，这些人也大都是传统文化中国学理念的影响者和被影响者。在美学不断发展变化的今天，国学蕴含的强大思想内涵是中国画创作发展过程中不可稀缺的文化元素。诗理与画理相通，其创作都必须有"画外功夫"。中国画是一门渐修渐炼、渐变渐近的艺术，它以点线为造型基础，以笔墨游龙为主心骨，能体现出一定的神情气韵，无论是人物画、山水画还是花鸟画都莫不如是。国学思想深深地影响着中国画作品，传统中国画艺术表现出的"中和之美"是诗意精深与笔墨流转的理想表达，完美的艺术精神也陶冶着心性，化育着才情，提升着德行。

随着社会的发展，人民生活水平的提高，人们对各方面的认知能力逐步提高，欣赏中国画的水平也提高了。改革开放以来，西方文化逐渐传入我国，影响着我们的传统观念。有关当代国学的研究不应该只关注对我国传统文化的研究，也应该包含对西方文化的研究，透过东西方形式的文化交流，能促进国与国之间的对话和沟通。对中国画的研究和实践也只有立足国学、人文科学的基础上，而不仅是专注某种技艺的层面上，才能体现其真正的内涵和价值。

根据史料记载，笔墨是古代中国人的发明。在纸张出现之前，古人将字体写在竹简及布帛上，那时的中国画也是画在布帛上，直到后来蔡伦改进了造纸术，我国的国画大师才用笔触在精美的纸张上作画，刚柔并济，就像我国的传统武术太极拳一样。笔墨的练习能修养人的气质，表达沉稳的理性，让人心情平静。纵观我国大多山水画，均以笔墨描绘我国的大好山河，传达的是气势磅礴、雄浑壮丽。

中国古代的画家同时也多是书法家，如米芾、苏轼、文徵明、徐渭、唐寅、吴昌硕等既是画家，又都是大书法家。赵孟頫说："作画贵有古意。""古意"的精神情感是画家追求的第一位。对于传统绘画来讲，"古意"是指其线条、色彩总能找得到出处和渊源。直到现在，"古意"也依然是国学中的书画区别于美术中的书画的重要特色。没有"古意"的书画，也就不能称之为"国学"中的书画了。

今天的中国画在曲折反复的求新道路上，寻觅着适应现代社会大众审美习俗的表达方式，即在继承传统绘画的前提下，通过提升国学思想，逐渐融合新的艺术思维和绘画表现形式。国画创作者在掌握灵活技法之后，就会关心作品本身的思想传达。要表达深邃的作品理念，创作者理应在掌握传统绘画特点和精髓的前提下，努力吸收国学，不断提高自身的国学素养，创新艺术思维，并结合现代社会生活节奏，寻找适合自己的个性表达方式，逐步将中国画的创作与现代生活相渗透，呈现出新的艺术表现形式。不止生活要常新，艺术也要常新。

二、文学与中国画

文学和艺术，追根溯源，都是人类社会发展到一定阶段，因适应人类物质生活和精神生活的需要而出现的文明现象。文学与国画都是中华传统文化艺术表现的重要形式之一，二者在起源和发展上，都有共通的浪漫性。国画中因蕴含着创作者浓浓的深情而彰显诗意；文学融合了创作者的情感而让我们犹如看见栩栩如生的情景而充满画意。

（一）国画与文学在题材方面的融合

国画作为一门视觉艺术，需要从社会现实生活中寻找依据，无论是人物肖像画还是自然山水画，都需要将现实中存在的客观物质作为表现内容，大多优秀的国画作品都是以文学作品为表现内容。中国早期的国画多取材于佛教故事、神话传说及一些儒家经典。自传说中的三皇五帝开始，中国便有了绘画。仓颉创造的文字和史皇创作的图画，都可以看作是最古老的绘画。中国早期的文字大多是象形文字，大部分的甲骨文字可以以"图画"的形式来解释，其中很多字是直接依据客观事物的形态来进行描摹的，说成是"字画"也不为过。东晋顾恺之创作的《洛神赋图》就取材于曹植的文学作品，整幅画很好地表现了女子"翩若惊鸿，婉若游龙"的美态。王维的诗画就被盛誉为"画中有诗，诗中有画"，由此便说明了王维作品的文学性。盛唐时期，我们可以看到大量反映儒家思想的绘画作品，这些绘画的文学性也非常高。例如，唐代著名画家阎立德创作的《文成公主降蕃图》就是一幅十分明显的叙事画，整幅画以文成公主远嫁吐蕃的松赞干布这一政治事件为题材，如同一个完整的小说故事。阎立本创作了《步辇图》，描绘了唐太宗李世民会见吐蕃使臣禄东赞的场景。这些作品既是著名的画作，又饱含着强烈的文学叙事意味。宋代的绘画出现了大量以世俗生活为创作题材的绘画作品，例如，北宋画家张择端创作的《清明上河图》，整幅画卷更像是一篇内容丰富的散文小品，于画中详细地描述了京城的繁华场景。

（二）国画与文学在内容上的融合

传统的中国画，不仅要有诗情，也要饱含画意。代表中国画最高成就的山水画，其崛起和发展的一个重要因素就是受当时山水文学作品的启迪。山水画的兴起固然与当时历史上东晋南迁，南晋物华天宝、景色优美，激发了文人表现大自然秀丽的动机有很大关系，但成熟于山水画之前的山水文学中的意境和灵感也起到了极大的铺垫作用。这就是为什么唐宋时期的山水画家也多为山水文学家。要论山水画中的诗意，不得不提到唐代的大诗人、书画家王维。王维人物、山水皆擅长，代表作品有《山谷行旅图》和《雪溪图》，其山水画山居和山庄的形式居多，多为平远构图，表达平远清疏的意境，富有"空山新雨后，天气晚来秋。明月松间照，清泉石上流"般的诗意。王维山水画"诗中有画，画中有诗""思致高远""绝迹天机，非绘事者之所及也。"被奉为"文人画之祖"。齐白石91岁高龄时作有一幅用画意来表现诗情的绝佳作品，当时老舍来访，引用清人查初白"蛙声十里出清泉"的诗句请老人作画，诗虽明白晓畅，但"十里"的巨大空间，"蛙声"的听觉感受，都是绘画的难题。老人匠心独具，绘一幅四尺立轴，画面上一条溪流从长满青苔的乱石中泻出，几只蝌蚪在溪水中嬉戏，顺流而下。远山、乱石、溪流、蝌蚪、不禁让人想象出在十里山泉中青蛙伴着泉声欢快鸣叫。老舍为大师的剪裁精妙而折服，也令我们所叹服。

（三）国画与文学在艺术规律上的融合

自古以来，"画中有诗"成为阐释中国画与中国古典文学关联的准则之一，这也从侧面说明了一个问题：中国古典文学修养的提高促进了中国画的发展。中国画作为一门艺术，无论是《中国通史》还是《中国古学史》，都将它纳入文学艺术范畴来论述。中国古代、近代，乃至现当代的著名画家无一例外都身具深厚的古典文学修养，甚至集文学家、画家于一身。例如：苏东坡诗词享誉古今，山水画也独步北宋；唐伯虎因画名达大江南北，也以诗名博得才子美誉；徐渭画风奇特，底蕴深厚，气势非凡，被时人称为"画坛怪才"；齐白石、徐悲鸿、李可染、潘天寿、任伯年等一代国画大师身上无不闪耀着中国古典文学的光芒。可以说真正的中国画名家，必须具备非同一般的真才实学，尤其是中国古典文学方面的造诣。现实生活、时代精神、作家画家的志向情趣都在其作品中或藏或露，有所表现。见景生情、因物起兴这本是文学创作很自然的一个过程，也是中国画创作动机得以激发的一个过程。文学与国画俱是中华传统文化艺术中的重要表现形式，二者在起源和发展上有着共同的浪漫性，二者虽表现形式不一样，但殊途同归都具有诗情画意的浪漫性。

三、哲学与中国画

中国画中蕴含的传统文化、哲学精神与道家思想有着密切的联系。道家思想是中华传统文化的重要组成部分，老子最重要的思想就是"无为"与"自然"。道家哲学精神是通过日常的社会现象与自然规律来阐述世间万物相互依存的关系，它论述了对立统一的规律与永恒的法则。在中国画的传统文化创作语境中，讲究"无为"并非无所作为、随心所欲，而是要以辩证法的原则指引画家寻求顺应自然、遵循客观事物发展的规律。中国画创作者不应该依据个人的主观愿望与偏见，抵抗周围自然的物体与现象，而应遵循自然法则与规律，走进"人法地，地法天，天法道，道法自然"的境界。中国画的艺术观"道法自然"，认为宇宙万物都在自然而然地演进和发展，是"无为自化"。在中华传统文化中有不少体现辩证思维的范畴，可以从哲学辩证思维的角度去分析中国画。老庄哲学的"有"与"无"说明事物具有对立统一的辩证关系，即"有无相生"；中国画的"虚""实"概念与之相关，是艺术创作的辩证关系，"虚实相生"理论也成为中国绘画艺术中独具特色的理论。老子的朴素辩证法对中国画影响深远，《道德经》中有"正复为奇"之说。"奇"与"正"涉及中国画创作中整齐与变化相统一的关系，意味着事物形态与各因素之间相辅相成。寻其根源,"奇"与"正"属于对立的哲学范畴,"正复为奇"是中国画创作者常用的表现形式。

中国画的哲学精神追求道德与哲理性,偏重个人情感的内省与领悟。难以精确描述中国画的世界观与实质性理念,因为理念会随时间和事物的变化而变化。中国画强调"虚幻联想"的人文意境和写意抽象精神,客观反映了中华传统文化的深刻内涵。中国画发展的文化氛围是在我国传统的儒道学说基础上创立的,并且随各历史时期的要求而演变。

宋代从理论上开始重视画家的修养,并将其作为评画或创作的标准。南宋鉴赏家赵希鹄说:"胸中有万卷书,目饱前代奇迹,又车辙马迹半天下,方可下笔。"即指艺术家的文学造诣、对艺术传统的研究继承和对生活经历的感受是艺术创作的源泉。艺术的起源还可以归于人的游戏本能,即艺术不受经验和范畴的限制,人在游戏中得到快乐,不以实际利益为目的,这是作为精神状态得到心灵自由与解放的象征,是从实用观念中得到解脱的艺术精神。

中国画的笔墨纸等材料展现着中我国特有的传统东方文化的书写性和人文气质,它的内敛含蓄颇受道家自然神秘主义的影响。画家重视采风,根植于生活的素材和形象能让作品兼具概括性和抽象性。中国画所描绘的画面不仅是自然,更多的是画家心灵深处的内在意蕴,具有展现客观自然的思想。利用中华传统文化和哲学精神去表达内在生命的中国绘画意识,对自然界的观察与理解,以及理性描绘,都具有神秘主义的艺术审美倾向。

中国画的象征主义表现具有程式化寓意。"树"立于中国画的植物象征首位,意指常青之树,多表现为生长在悬崖边缘或水体岸边的植物。最常出现的是松树,长在裸露的岩石上,是力量与永恒不朽的象征;灌木林、杨树、橡树等象征男性的阳刚;竹子在中国画中有欢迎的寓意,是一种高尚植物,象征长寿与精神力量;中国画习惯将竹、梅同置,象征丈夫与妻子;而在《松梅图》中,松树和梅花是不可分割的朋友,象征着永恒的友谊。中国画创作讲究艺术表现形式上的冲突与互补。"山"是中国绘画中常见的艺术造型,作为大地海拔的制高点,与天际相连,画山是作者想抒发心胸的宽阔与高远。在中国画里，人为经验和自然生活之间不存在暂时或永远的边界。

中国画讲求意境，注重抽象的理解与表现，给人以丰富的艺术联想。中国画的美妙之处还在于传情，画面留白所描绘的意境与观赏者的感觉是相对应的，是绘画的一种境界。中国画也是抽象艺术的表现形式，其精髓在于"神似"。艺术家通过认识和实践活动，从自然界中提取具体或抽象的事物，融合传统的历史文化与哲学精神，反映到中国画的艺术创作上，使作品具有深切、独特的文化底蕴和视觉冲击力。中国画是中华民族传统文化中最具代表性的艺术形式，蕴含着中国的文人气质，体现了中华传统文化的原始特征。

中华传统文化中的哲学思想具有极大的包容性，中国画随着中华传统文化的不断演变而逐渐成熟，而传统文化中的哲学精神和思想又对中国画的发展、创新具有重要的推动作用。

探索中国哲学的内在精神，中国画与传统文化的本体价值，分析中国画同传统文化与中国哲学存在的内在精神联系，是研究中国画与传统文化之间哲学观点的重要课题。在实现"中国梦"的文化战略中，不能忽略传统文化及哲学精神在中国画中的价值体现。对中国画精神价值与传统文化的内在哲学观点的探讨，既能够弘扬中华传统文化，又能发掘和领略中国画的精髓。传承中华传统文化，拓展中国画艺术品质和哲学精神内涵，对构建学习型和谐社会、丰富人民群众的精神文化生活，具有长远和积极的意义。

第二节　翰墨江湖：有种情怀叫"拓片"

拓片是我国一项古老的传统技艺。古时候文字是被刻在各种坚固耐用的载体上保存的，如甲骨文、金文、竹简碑石等，由于这些载体往往笨重粗大而难以搬动，以致所记载的内容无法普及并广泛流传。好在纸张的出现解决了这一难题，人们可以采用拓墨的形式将文字从载体上拓下来，这就是拓本。近年来，随着对中华古籍保护宣传力度的不断加大，人们对古籍保护意识逐步增强，记录中华古代文明的重要载体——金石拓片逐渐引起更多人的关注和重视。

一、拓片的衍变史

南梁虞和《论书表》有"拓书悉用薄纸"之语。《隋书·经籍志》有："其相承传拓之本，犹在秘府。"尽管我们今天已看不到梁朝和隋朝时期的拓片，但可以肯定的是，梁朝和隋朝就已经出现了拓片。

现存最早的拓本《温泉铭》上有一行永徽四年（公元653年）的题记，说明其最晚为唐初时所拓。窦臮《述书赋》云："岐州雍城南，有周宣王《猎碣》十枚，并作鼓形，上有篆文，今见打本。""猎碣"即"石鼓文"。文中所说的"打本"就是我们今天所说的拓本或拓片。由此可见，在唐代就已经有石鼓文拓片流传。唐代诗人王建就有"古碣凭人拓"的诗句。到了宋代，由于文化的发达，刻帖业的兴盛，拓印技术得到了空前提高，为后世留下了许多珍贵拓片，当时对拓片就有"下真迹一等"的评价。明清时期，传拓技艺得到进一步发展，拓片拓制水平不断提高，拓制更加精致，拓制范围不断扩大，种类和方法也更加多样。

二、传拓方法及种类

传拓的方法有擦拓和扑拓两种。擦拓是用毡卷或扑子蘸墨后，在铺于碑上的纸上横向擦过，字迹就会出现在纸上，这种拓法适用于平面物体，一般拓碑都采用这种方法。如果原碑石表面不平整或有损毁，擦拓就不能很好地将原文蝉蜕下来，而会产生遗漏或模糊不清，因此在北宋间出现了扑拓的方法。

所谓扑拓，就是用细棉布或丝绸包裹棉花做成馒头形状的扑子上墨。擦拓改为扑拓，扑子的平面横向运动变为一上一下的纵向运动，这样就可将凹凸不平的载体甚至曲面载体上的文字或纹饰拓下来。大致来说，南宋以前多是擦拓，南宋末期，发明了蜡拓，明代盛行朱拓，并出现套色拓。清代所拓器物日增，金石玉器、甲骨陶器、汉砖瓦当、墓志碑刻等无所不包。近现代人在继承前人的基础上运用新的工具材料，推陈出新，方法更为先进。

按用色的不同，拓本可分为墨拓和色拓两类；按其墨色深浅和使用材料的不同可分为乌金拓、蝉翼拓、朱拓、套色拓、腊拓等多种，种类不同，效果各异。乌金拓是指拓片墨色厚重，黑白对比强烈，似乌金黑亮晶莹，故名乌金拓。乌金拓须用较浓的油烟墨和洁白细腻的宣纸拓制，拓印时应特别注意上墨的时间和干湿的掌握，讲究前后层次的清晰分明。如《三希堂法帖》《柳絮诗》等，都是墨如点漆，光可鉴人。蝉翼拓又称蝉衣拓，如夏日鸣蝉的翅膀，墨色薄而均匀。蝉衣拓用纸要薄而细腻，拉力要强，用墨须精细，最好研墨拓制，如用现成墨汁，用前须加入适量的清水稀释均匀。蝉翼拓最适合拓制精美的小楷和比较小巧、纹理细致的器物。如《华山碑》等，宣纸纹理清晰可见。

三、拓片的保存方法

拓片能否保存更长的时间，同其所处环境的酸度、微生物、温度、干湿度和气体都有直接关系。破坏纸质最常见的因素是霉菌和昆虫，特别是在中国南方温暖湿润的地区，最适宜菌、虫的生长，且蔓延很快。这不仅使纸张性能变得脆弱，还极易遭受虫蛀的危害。在气候潮湿的江浙一带，旧拓本很难保存下来就是上述原因造成的。所以，拓本的保存必须经过消毒处理，以达到防霉、杀菌的目的。一种方法是将拓片放入档案袋里，在外标明拓片名称和时代。档案袋外面再套一无色透明的塑料袋封好。既防虫，又防潮。此外在放有拓本和字画的柜子里，必须放入防虫剂，如樟脑、雄黄和黄檗（niè）。拓片收藏的另一种方法是：将拓片夹置在两片无色透明的有机玻璃当中，四周用胶纸粘封起来。既方便陈列，又便于观瞻，还可使拓片被保护在一个封套中，避免触摸磨损，并且可以安插排列在架子上，有利于管理。一些博物馆在保存拓片和织物残片时已经使用了这种方法。

四、拓片的收藏

金石拓片千百年来已成为极其珍贵的收藏品。汉碑、北魏造像、唐碑志等拓本都有着极其重要的考古和书法研究价值，而它们在收藏投资市场中被形象地称为"黑老虎"，原因是一则其"价值不菲"，再则"真赝难辨"，一不小心便会被"老虎"咬一口。清人朱文钧曾以两幅价值四千块大洋的书画外加房产换得了宋拓《醴泉铭》，而当时七八百块大洋就能在北京买一座四合院。可见当时碑帖善本的价格不比历代书画名家的佳作低。而在当今，碑帖在市场上却一直受到冷落，比起书画、瓷器相差甚远。

目前，在拍卖市场反应比较好的碑帖拓本包括：有题跋和年代的碑帖拓本，或是唐拓、宋拓等早期拓本，这些拓片存世稀少，市场价格较高，不过其行情相比名家书画还是有很大差距。

近几年，因为国内艺术市场的火爆，碑帖拓片的行情略有回升。2003年，上海博物馆斥资450万美元从海外购回4册宋拓《淳化阁帖》，当时不但引发了各界争议，也推动着碑帖市场走出低迷；而2005年瀚海秋拍，一件估价75万～90万元的《宋淳化阁帖第6卷》，最终以396万元成交。

收藏碑帖的主要以学者和书画家为主，这一群体是带有深厚文化情结的研究型收藏，他们不会轻易买卖，所以碑帖没有较大的流通性，不是投资型品种。

随着时代的发展和人们文化素质的提高，收藏拓片的意义越来越大，未来增值的空间巨大。旧碑帖拓片收藏的特殊性在于艺术品收藏不仅是一种物质存在，还是一种精神文化的结晶。它既可作为一种物质财富储蓄，也可作为古籍史料进行学术研究历史考证。碑帖拓片的收藏价值又具有相对的稳定性，表现为奇货可居、永不过时。古旧碑帖拓片买卖又随时可以进入拍卖市场，得到一个公平的价格。

五、拓片的保护、修复工艺

由于拓片的特殊性，在流传过程中会遇到各种各样的情况，比如在保存过程中被水浸泡过，拓片遭到长时间挤压形成书砖，因保存环境变化变脆变酥等等。拓片表面覆盖的墨汁是由石墨和胶混合的物质，若长时间浸泡或处在潮湿的环境，接触到的胶会产生分子间的黏合作用，而同时石墨的组成元素碳原子也会由于长时间的原子接触，产生范德华力而更加贴合。范德华力是一种链接原子与原子之间的一种介于分子键和原子键之间的一种力，它具有独特的滑动性，由于石墨中碳原子是六边形的稳定结构，范德华力是介于上下两层六边形形成的结合力，因此石墨就具有了独特的滑动性。由于墨汁中有石墨和胶的这种特点，导致流传下来的拓片更加难于清理，接触面之间更加难于分开。多数拓片是使用宣纸进行拓印，宣纸纸质脆而薄，经过加工后很容易断裂，急需要对其进行保护修复。

（一）拓片的揭取

拓片由于其特殊的表面情况，比较典型的就是粘连书页的揭取问题。以下是修复过程中揭取问题的解决办法。

1. 干揭

干揭是使用手术刀、镊子等工具，对粘连的书页进行分离，采用物理方法将其分开，这种方法对于粘连十分牢固的书页不起任何作用，一不小心还会损坏比较完整的书页，所以并不适合整本书的修复。

2. 湿揭

湿揭是先将拓片书页打湿，具体打湿程度要根据需要来量定，对于粘连十分严重的书页要完全浸湿、浸透，这样可以减小书页之间的黏结力，再慢慢滑动上层书页，可以使书页粘连部分慢慢分开，从而达到将书页彻底揭离的目的。这种方法对于操作者的要求比较高，必须认真仔细，不然会伤害到被水浸透的书页。

3. 夹揭

夹揭法是个比较新的方法，夹揭是将双层纸的正反面都托上一层纸，待糨糊完全干透，将两层托纸向两个方向拉扯，双层纸就会从中间分开。注意一定要将纸的正反面涂抹均匀的糨糊，托纸时要用墩刷墩牢，这样分开的纸就很均匀。可以最大程度地将书页揭开并不损坏书页，但由于托纸是白色，所以这种方法只能适用于粘连十分严重的书页。

综上所述，三种揭取方法适用于不同的书页，所以要针对不同的书页选择不同的揭取方法，可见针对拓片读本的保护修复还需要更加多样化，方法求新求适用，这样才能更好地完成拓片类读本的保护修复。

（二）拓片的修补

拓片的修补是对已经破损的拓片进行补全，需要配以与拓片纸张相同或相似的墨纸或A纸进行补配，拓片的修补是整个拓片保护修复过程中比较重要的环节，它直接影响了拓片保护修复后的质量和效果。由于拓片是经过拓印之后的纸张，纸质更加脆而薄，损坏是非常容易发生的，比较常见的病害是孔洞。在以往的保护修复过程中，要求有孔必补，同时拓片被折裂的地方也需要使用补纸黏合。但经过长时间的探讨，发现有孔必补并不是最理想的保护修复办法，由于孔洞多造成需要的糨糊增多，过多的糨糊可能会容易吸引蛀虫，导致拓片难于再次修复，对拓片造成二次破坏。因此，在修复拓本的过程中，需要根据实际情况采用不同的修补办法，需要根据孔洞的大小来量定是否需要进行修补。若拓本中某些书页已经破败不堪，就要对书页进行整张托补，就是所谓的"飞托"法。对于书页上的字缺失的部分不予修补，如若缺失太大则使用白纸进行修补之后再进行整张托补，目的是让托补后的书页厚度均匀，防止上墙之后书页炸裂损坏书页完整部分。拓片的补纸需要根据原拓片纸张厚度进行选择，由于拓片需要墨纸进行补配，就需要先将皮纸润湿平铺于石板上，利用制作拓片的方法进行制作，但需要注意的是墨汁一定要拓印均匀，否则影响书页美观。在修补孔洞或破损处时要注意，补纸和书页接触的边缘要小于2毫米，纸张帘纹走向要相同，使用的糨糊要稀，否则可能会造成拓片局部硬度不均，影响保护修复效果。

（三）拓片的装裱

拓片的装裱比较特殊，由于拓片表面凹凸不平，装裱时会增加一定的难度。目前使用比较合理的方法是软衬装裱法，此法是最有利于还原原拓神韵的方法。同时使用此法装裱的拓片最利于保存和收藏，由于此法并未真正实践过，在此不做过多介绍。

拓片在装裱的时候要注意拓片表面不平的部位，在确定拓片墨色不易掉的情况下，打湿拓片，用软排笔将其慢慢梳理开，待展平拓片后快速刷糨糊、托纸、上墙，上墙时也要注意不要将拓片展得太平，不然容易将原本完好的拓片崩裂。

针对拓片类古籍的装裱则需要注意，一般情况拓片都是"顶天立地"的形式。针对线装书的装帧形式，很难再进行重新装订，这就需要在拓片书页的背后托一层背纸，背纸在书脊处多留出1~2厘米的书边，以便在装订时装订在背纸边上，不对拓片本身造成伤害。

拓片作为一种文化流传的主要方式，修复时一定要注意安全，同时也要遵循一定的原则。要保留拓片自身的特点，对拓片自身的凹凸状况一定要保留。不要猜测拓片本身缺失的部位，需要配补的地方要配补好，不需要配补的地方一定不要臆断其本来面貌。它作为古人文化传承的载体，其价值是不可估量的，就算现今的修复方法是安全的，也无法保证能与古人当时的环境契合，所以在做拓片的保护修复时一定要认真仔细，使用的方法一定要得当，不能对文物造成损伤。

著名美学家宗白华曾说："艺术之创造是艺术家由情绪的全人格中发现超越的真理真境，然后在艺术的神奇的形式中表现这种真实。"砖瓦拓片题跋，正是无数书画艺术家用心灵的语言展现笔墨"神奇有意味的形式"。

第三节　烹茶煮酒：一饮论古今

闲庭信步，烹茶煮酒一局棋；云淡风轻，听叶落无声。繁花归寂，唯留余音尽处香满衣。过松桥三顾，垂钓戏鱼，游目骋怀之无双雅逸。出是绿，入亦绿，兴盛乘风放歌，放浪形骸于尘嚣，仰卧松柏檐，以手掩面，任绯阳环绕十指间，淡忘浮生似水流年。

古人爱烹茶煮酒，这从许多诗歌、字画、小说和故事中都能看得出来。《三国志》里记载了诸葛亮在西南地区"兴茶"的故事，他也因此被尊为"茶祖"。同样是《三国志》还讲了吴国的"孙皓饮群臣酒，率以七升为限。曜饮不过二升，或为裁减，或赐茶荈以当酒。"这或许就是"以茶代酒"的由来吧。

而在《三国演义》里，英雄豪杰们大多是喝酒的。先有第五回关云长的"温酒斩华雄"，讲的是关羽放着倒好的热酒不喝，拎着青龙偃月刀出去跟华雄打了一仗，等他把华雄的脑袋拎回来，曹操摸了摸酒杯，酒还是温的，借此说明关公的武艺高强。而在第二十一回中，曹操想试探刘备是不是有野心，他准备了青梅和碗筷，又煮了酒，请刘备来喝酒聊天，问他谁才是世间真正的英雄，刘备先是装呆卖傻，后又在曹操"今天下英雄，惟使君与操耳！"的豪言中"被雷吓得掉了筷子"，以此让曹操放下戒心。

小说里的故事多不可考，但古人爱好烹茶煮酒却是真实的。

一、茶道精神与传统文化智慧

中国茶道，内涵深邃，博大精深，植根于传统文化的深厚土壤之中。在中华传统文化的群山中，儒释道三家堪称华夏显学，交相辉映，共同开创性地勾勒出一个飘逸、自然、朴素的宇宙观的宏大框架，堪称传统文化宝库中的绮丽瑰宝，亦是中国茶道精神的重要源泉。茶道为广大茶人开启了一扇与茶相知相识、并终身侍茶的方便法门，满足茶人一生的追求。茶与"道"的有机结缘，浑然天成般地孕育出了精深而古朴的茶道，以茶载道，由此感受中国茶道的独特魅力。

（一）缘起——何为中国茶道？

在博大精深的中国茶文化中，茶道是核心，亦是灵魂。茶道作为茶者心灵的居所与灵魂的栖息地，是茶人在探索生命真谛过程中的心灵感悟。严格意义上的中国茶道，是茶人品茗活动的规律总结及指导原则，亦是一套茶人悟道的完整体系，是从回甘体验，到茶事审美，再升华至人生命体悟的心灵之路，体现了品茗活动的价值追求与人文内涵，亦是茶人由品茗活动体悟、验证出来的思维方式，发端于中华民族五千年的传统文化智慧，同时亦是茶人追求高雅精神境界的彰显。

从通俗意义上说，中国茶道是因茶结缘，以茶悟道，于品茗活动中总结出来的鉴赏茶的美感之道，是一种以茶载道的优雅生活方式，亦是一种能给广大茶人带来审美愉悦的品饮艺术，使茶的美好自然呈现。结合茶特有的交际功能，以茶为媒，迅速拉近人与人之间的联系；以茶为引，能够使彼此敞开心怀；以茶会友，研习茶礼，领略传统文化之美，美心修德。

（二）茶与茶道精神

茶树之根在中国，茶道之魂在华夏。唐代的《封氏闻见记》里记载："茶道大行，王公朝士无不饮者"，这是现存文献中对于茶道的最早记录。茶圣陆羽在《茶经·六之饮》中曾讲述："茶之为饮，发乎神农氏，闻于鲁周公。"世间也广为流传着"神农尝百草，日遇七十二毒，得荼（茶）而解之"的古老传说。普遍的说法是，茶道兴于唐，而盛于宋，茶饮方式在唐代逐由药饮和煮饮，逐步发展成为细煎慢啜的品饮，进而演进成为艺术性、哲理性的茶文化，最终融合成为一种雅俗共赏的修身养性之道。

茶为人们接近道、体验道及感悟道提供了一条便捷之路。茶道是由茶入道，品茶修道，因茶悟道的完美过程。中国茶道植根于儒、释、道文化糅合的深厚土壤中，其中充满了哲学思辨，积淀了丰富的人文精神和理想追求，如儒家的仁爱、礼义、中庸思想，体现在品茗活动中的沟通交流、和谐气氛之主张，构成了儒家茶道精神的基本风格；而道家倡导清静无为、道法自然，主张重生、贵生、摄生，而茶汲天地之灵气，汇日月之精华，正与传统文化一贯提倡的"天人合一"思想吻合，进而形成中国特有的茶道精神；佛家提倡"茶禅一味""一花一世界"，于小小的茶汤中探寻宇宙之玄机，从淡淡的品饮中体悟人生之真谛。

自古及今，历代文人墨客、名流贤达都崇尚在品茗中追求高雅境界，调琴歌唱、吟诗议事、弈棋作画，源自茶中有着明确的精神诉求，且与儒、释、道思想融会贯通，故有"以儒治世、以释修心、以道养身"的说法，儒家的人生境界、佛家的禅悟境界、道家的自然境界，极大地丰富了中国茶道的精神内涵，共同融汇而成中国茶道精神之基本格调。

在当代，茶为"国饮"，茶亦是学习中华传统文化的入门首选。"文人七件宝，琴棋书画诗酒茶"，闻着一杯茶香，我们走进去，里面就会次第展开古老而深邃的中华传统文化。茶是人与草木世界连接的媒介，宋徽宗赵佶在其著名的《大观茶论》中称茶为"草木之灵者"。"茶"字，从草、从人、从木，茶人林清玄先生曾言："饮茶的最高境界就是把'茶'字拆开来看——'人在草木间'达到一种'天人合一'之境界"。代表人应植根于大地，回归自然的怀抱，也就能枝繁叶茂，郁郁葱葱，这同样亦是中国茶道的境界。"人在草木间"无疑是一种最自然、最质朴的"天人合一"的生活方式。

茶通六艺，是公认的传统文化艺术之载体。小小的一片叶子，对民族审美观念和道德规范的养成发挥着不可替代的引领作用，这就是茶之所以能超越其物质性而入道的根本原因，亦是中国茶道生命力的不竭源泉。古往今来，堪为传统文化载体者数不胜数，国人为何对茶情有独钟？盖因饮茶有益，饮茶有礼，饮茶有道之故。茶对茶人而言，早已超出了饮品范畴，成为一种对精致生活的崇拜。茶道之美，乃艺术之美，人文之美，信仰之美。茶因此被人们视为精神的享受、友谊的纽带、文明的使者。

茶道是茶文化的核心要义，亦是一种哲学思辨，它属于茶文化的精神层面，具有深刻的人文思想内涵。它所蕴涵的精神元素，早已成为传统文化智慧的重要组成部分，融入中华民族性格的点点滴滴。以茶载道，体现了中华传统文化与人文精神的完美契合，涵盖了茶的礼仪、技艺及艺术、哲学等在内的诸多文化形态。因此，中国茶道是内容与形式的有机结合，茶道思想是茶道之内在灵魂，茶道艺术是茶道之外在表征。因此，茶道既承载着中国人的健康与善美的精神寄托，更承载着中国源远流长的传统文化智慧。

在博大精深的中国茶文化中，茶道是核心，亦是灵魂。中国茶道是形而下的物质载体—"茶"与形而上的精神理念—"道"的完美契合，是"茶"与"道"结缘的产物，二者可谓相得益彰、交相辉映，共同构成了一道传统文化的靓丽风景。茶既通生命大道，品茶悟道，亦是提升茶人精神境界的法门。中国茶道"以人为本"，它的基本精神为传统文化的弘扬和传承奠定了理论基础。

（三）茶道——领略传统文化之美

"一花一世界，一叶一如来"。一杯茶里，有世界，亦有如来，而关键在于"品"字。品茶就是在品味人生，茶以一种朴素而直观的方式教人去体验啜苦咽甘、审美茶事、"体悟"人生，审视内在并回归自我。品茶是充实的生活体验，具有浓郁的人文情怀。茶道点亮了茶人的精神生活，不经意间引领有缘之人进入了一个纯洁无染的清静世界、一个富有诗情画意的人生境地。

1. 啜苦咽甘，苦后回甘

《茶经·五之煮》中曾经记载："啜苦咽甘，茶也。"喝第一口茶，起先给人以苦涩的感觉，慢慢咽下去，却些许有甘甜的滋味，这就是茶的啜苦咽甘，苦后回甘。其科学依据在于：茶叶中含有多种成分，茶多酚类物质中的复杂儿茶素和咖啡碱是呈苦味的，而简单儿茶素呈甘甜味。品茶时，由于茶汤是很多物质的综合，但舌头对滋味感觉顺序不同，先感应苦味，再感应甜味，当呈现甜味物质较多时，就会次第呈现出苦后回甘。

苦后回甘又是一种心理上的奇妙体验。好茶会让人回味无穷，由此感受茶汤入口之后自然的变化，领略茶性色、香、味的美好，体验苦后回甘、生津等各种滋味的巧妙转换，如同感悟人生的跌宕起伏，千番滋味尽在一碗茶汤之中。关于回甘的艺术表现和深刻内涵，正如茶道认知学创始人吴远之先生在《茶悟人生》中写道："茶之甘有别于蔗之甜，是一种含有糖的成分而其显著特征却被消解掉的甜，因此茶之甘是一种隐性的甜；甜存在于茶中却难以捕捉到它的身影，甜藏身于茶中却不扮演关键性的角色；茶看似给人以苦，实则悄悄予人以甘"。啜苦咽甘，苦后回甘是茶道生活的基础。

不同的年龄、人生经历，对于茶的苦后回甘都有着各自不同的体悟。

2. 审美于茶，相得益彰

美是茶道艺术的天然元素，美亦是人的感官能直接感受到的愉悦；无美，则茶道的魅力也荡然无存。审美于茶，是人类在茶事活动过程中对于美的感受、体验、传达与创造。陆羽之所以被称为"茶圣"，在于他最先感知、挖掘并向世人揭示了茶道的人文之美，茶道与美学交相辉映。茶事活动是由多种艺术形式构成的审美过程，包括绘画、音乐、诗歌、插花、空间设计等。茶悟人生，器已载道，人、茶、器、道并存，方能相得益彰。茶道之美，是综合之美、和谐之美。茶通六艺，六艺成茶，相辅相成，才能使茶道艺术达到尽善尽美的境界。

另外，茶道是人的眼、耳、鼻、舌、身、意等共同参与的过程：眼观其色，耳听其乐，鼻嗅其香，舌品其味，身受茶礼，意合其境。审美于茶的体验，涉及视觉之美、听觉之美、味觉之美、触觉之美等多个方面。人们用视觉感受茶叶、茶汤、茶具、环境、服饰、形象等，用听觉感受音乐、水声及语言的节奏，用味觉、嗅觉感受茶叶、茶汤的香气和滋味，用触觉感受各种茶叶、茶汤的材质和质感，直观的审美体验。

这种审美体验的精神愉悦性与感官的快适有机结合，从而构成了多重审美效应，通过系统的茶道训练与研修，可以使茶者的言行举止大方得体、优雅从容，使人的整体气质得到改善和提升。茶道从美化人的外在行为，逐渐美化人的心灵世界，最终美化茶人的精神生活，审美于茶，相得益彰。

3. 研习茶道、重在"体悟"

"体悟"是人类通过品茗活动来探索、思考生命价值与意义的行为方式，指事茶之人在实践中体会、感悟，强调的是身体力行，在行动中感受、探索。

习茶活动是对茶叶冲泡技术与品饮方法的专门学习，侧重于技巧方法；而茶道研修不是简单的习茶活动，它是通过煎水、泡茶、品饮等具体方式，来实践茶道的精神理念，从中明白事理，学会放下，体悟人生。"体悟"茶道已经超越了人的物质需求，具有了深刻的人文哲理意蕴。林语堂先生在《生活的艺术》一书中说，"茶成了国人的生活必需品，捧着一把茶壶，中国人把人生煎熬到最本质的精髓"。在他看来，茶为中国人所普遍认可，品茶是苦中作乐，享受生活，久经煎煮的茶壶，与饱受煎熬的人生，也就有了某种相融相通之处，在历经沧桑与磨砺之后，这"最本质的精髓"就在这碗茶汤中了。

因此，茶道是茶人的精神信仰，从啜苦咽甘、苦后回甘，到审美于茶、相得益彰，再升华至人生命"体悟"的心灵之路，是茶者探寻生命真谛的所得。

对于茶的理解，是潜移默化中的体验、感悟，领略传统文化之美，探寻传统文化对人生的启示，并以精练的语言将其呈现给茶之爱好者。

（四）茶道的体验与传统文化的智慧

茶是能通达人类内心世界的饮品，中国茶道则是茶人心灵升华的必由之路。从远古时代开始，人类便以各种方式追问生命的终极意义与价值，由此产生各种艺术、信仰与哲学等精神文明成果。茶道与之如影随形，独特之处在于：其一，"茶以载道"，它是通过品茗的方式来悟道的，茶道不能离开茶的媒介作用；其二，"茶以修身"，茶道不是枯燥乏味的苦修，而是轻松愉悦的体验，它是在美与快乐中悟道的。

古往今来，多少事茶之人，从啜苦咽甘、苦后回甘，到审美于茶、相得益彰，再升华至人生命"体悟"的心灵之路，他们在茶事活动中走向修身养性、陶冶性情、"体悟"人生的心灵之路。茶道是艺术、修行与礼仪的融合，也是可贵的人生体验：一方面，品其味，即品鉴茶之美妙。当茶叶遇水变成茶汤时，人们通过舌根味蕾获得的口感与味道，便是茶的滋味，这是茶的物质属性。滋味来自舌头上的味蕾，舌根处的味蕾对苦的感受性最强，舌尖处的味蕾对甜味最敏感。不同的产地、不同的气候条件、不同的制作工艺、不同的存储状况、不同的冲泡方式都会让茶汤颜色千变万化，滋味丰富多彩，或苦或甜，或涩或鲜，或醇或厚……仔细体味茶的滋味，感受每次冲泡的变化，何尝不是一种惬意的享受呢？茶的滋味富于变化而不失自然，具有层次感又恰到好处，丰富的口感与滋味极大地满足了茶人的需求。另一方面，品其味是茶的人文属性，品茶不同于饮茶，饮茶侧重生理上的快适，而品茶则寄托了人精神上的追求，品茶需要清闲的时光与淡泊名利的心态，需静静品尝，慢慢体悟。唯如此，方可升华品茗内涵，获得文化素养与生活品味的提升。

悟其真。茶的真味，是用心灵细细体悟出来的，更是从杯杯茶汤慢慢细品啜饮出来的。仁者见仁，智者见智。茶的味道，何尝不是人生的味道呢？茶的一生，犹如人的一生。一片茶叶，采自茶树，历经杀青、揉捻、烘晒、发酵，变得形态干枯、色泽全无，看似细碎、纤弱，但一经与水融会，便会释放出巨大的能量。茶是无私的，将其生命的精髓，化成一碗汤色透亮、甘醇的茶汤，带来温暖与祝福，实现价值的升华。这不正是事茶之人完美人生的写照吗？

由此可见，从茶的生命历程中可以得知人生的意义和价值，通过品茗来获得对人生的观照与思考。茶性与人性相通，每个人都是一本书，每片茶叶都是一个故事。读懂了茶，也就读懂了自己，读懂了人生。茶道正是以茶人的诚挚之心，为天下人奉献，这便是茶道最为生动的体现。这是一个从"小我"到"大我"的不断递进、升华的过程。

（五）领略茶道传统之美

中国茶道所蕴含的传统文化智慧，道家哲人"无为而无不为"的理念，自身与天地合为一体的不懈追求，在品茗活动之中亦可得到淋漓尽致的发挥。老子《道德经》有云："人法地，地法天，天法道，道法自然。"道家眼中的"道"其实是"自然而然"的，这种观念也逐渐渗透到茶道之中，于大自然的氛围之中品饮自然之茶，并在饮茶中探求对自然的回归，这一理念体现出了人与自然之间的和谐，即是道家所谓的"天人合一""道法自然""返璞归真"的真实体现。

中国茶道所倡导的"洁、正""守、和"，这不仅仅是茶道要义，更是茶者的德行与品格的彰显。"洁、正"是对茶道精神的浓缩提炼，以及对灵魂的洗涤，在迎接宾朋前，要用抹布擦净茶庭里的一花一木，茶室内一尘不染，茶人正是通过去除身外的污浊达到内心的宁静；"守、和"是茶人对中国茶道精神新的诠释，强调一种创新精神，重在"不同"。正是"和而不同"，圆融自得，一家已成、百家并蓄之境界。

老子《道德经》有云："以正治国，以奇用兵，以无事取天下。"这其中的"正"字，既可解为公正，亦可解读为不离、不偏，即所谓的"中"，至正为中，至中为正，中庸是也；茶是圣洁之物，泡茶是雅事，茶者亦是雅士，饮茶是雅趣，茶道是雅修。荀子说过"君子安雅"，亦是茶人精神境界的彰显。

老子《道德经》中"多言数穷，不如守中"，其中"守"即为守住虚静，"守"是坚守。"守"字当先，这一点充分彰显茶人对茶品质的坚守，茶以载道。"守"字亦是对世间美好事物、至真大道不懈追求的生动写照，茶道亦要"守"，守住一壶水开，守住一杯茶香，亦是守望一种精神。

传统文化犹似江海，源远流长，波澜壮阔。中国茶道深深植根于传统文化的土壤之中，亦是修身养性、追寻自我之道，又可于淡淡的茶汤中体悟人生之真谛。中国茶道精神虽历经千年，仍具有顽强的生命力。先哲的伟大教诲，犹如经久不息的涛声，时时拨动着茶者心灵的和弦。

（六）茶文化与哲学之美

随着社会的发展进步，茶文化展现出丰富多样的内容形态。儒、道、佛三家是中华传统文化的代表，在历史发展进程中与茶文化不断融合，三家既分别作用于茶文化，又共同交集。可以说，中国茶文化与儒、道、佛三家的哲学理念不可分割。《茶经》是我国乃至世界上第一部关于茶的著作，著作中对茶事内容及茶文化有着详细的介绍，从种茶、采茶、烹茶、品茶等，每项茶事活动都有着丰富的技艺和规范。在茶文化盛行的唐宋时期，茶事活动也十分活跃，无论是王室贵族还是平民百姓都十分热衷于茶事活动，这一时期也是儒、道、佛三家理念相融合的代表时期。儒家重在中和，道家讲求平静、自然，佛家以宅为精神内涵。从三家的哲学理念可以看出，茶文化所展现出的百态凝聚了三家的哲学理念，形成综合的文化形态。

1. 茶文化与儒家思想

茶文化与儒家思想的融合有着悠久的发展历史。在古代，茶的用处较为广泛，既可作为祭祀用品，也可以作为婚礼聘礼，由茶的内在含义进而联想到更多礼义，因此在婚嫁中多用茶作为礼义之物，取茶坚定不移之义。在儒家思想中，礼所包含的内容也十分广泛，其中既包括伦理，也有政治，民俗等。"道德仁义，非礼不成，教训正俗，非礼不备。分争辨讼，非礼不决。君臣上下父子兄弟，非礼不定。"由此可见，在古代社会生活中，十分重视礼义观念，对礼义道德有着严格的规范。在茶文化中，礼义理念也有所融合和体现，例如，《茶德》中提到了"以茶利礼仁，以茶表敬意"，其中也提到了茶是待客之礼，以此表达敬意，规范礼义，这种礼义也逐渐成为民间最为普遍的风俗。除此之外，在古代官场上，茶礼也成为一种等级式的礼义，虽然古代官员对茶并没有达到特别的钟爱，但是茶作为一种礼义代表，进茶、进汤等饮茶待遇代表着不同的官员级别。随着茶礼的不断变化，茶礼的形式也逐渐虚化。

儒家思想的核心内容是中和，即强调事物的适度与恰当的中庸之道。这一思想也在茶文化中有所展现。例如，《茶经》中提到的泡茶要选用涓涓活水，而非急流之水或死水。这种不急不缓的活水状态，恰恰体现了儒家思想的中和适度，也是儒家传统文化的核心思想体现。在茶事活动中，最初的一道工序是煎茶，需要用火，此时的水需用文火，即不息不旺的状态，此时茶汤的最佳状态是水滚至四周环沸，饮茶前的第一泡茶水用来暖盏而非饮用，第二盏茶水才是上佳饮品。饮茶的量需要适度。如此种种，都充分体现了儒家中和之意。此外，茶所蕴含的精神内涵也讲究以和为佳，从茶中感受其性情，让人清新恬适，十分贴合中庸之道，茶道中提倡人与社会的和谐相处也是儒家思想追求的理念。这里的饮茶之道不止道出了深刻的人生哲理，同时也与儒家思想内涵的中和理念相融合，汇成了独特的茶文化特色。除了儒家的中和思想，茶文化中也道出了另一种雅士之美。在唐代饮茶盛行时期，茶道被文人雅士所追捧，他们寄情于茶，将茶作为表情达意的载体，以饮茶展现风度之美。文人雅士通过饮茶修身养性，以茶道来展现自身的风度与修养，更将此升华为一种高洁素雅的思想品质。在许多茶著作里，都围绕这一思想进行了表述，充分展现了茶文化的思想内涵，茶被寄予了深刻的儒家思想理念，即修身养性、自尊自省、敬业高尚等。

2. 茶文化与道家思想

在茶文化里，道家思想的体现也是十分显著的。可以说，道家思想与茶文化的融合是最早的且是最密切的。道家的核心主张是安静、养生，讲究的是天人合一的自然之感。在古代，茶最初是作为药物出现的，史料记载的神农尝百草的典故，及《说文解字》中有关茶与药草关系的介绍即是。因此，茶与道家思想的融合促成最早期的茶文化的诞生。在唐代《食疗本草》中记载，茶有祛热化痰，提精醒神，消积宿食等功效。茶与道教之间的关系也是极为密切的，茶事与道家的养生之道十分匹配。人们能够通过饮茶这一活动消解疲劳、祛除杂念，以获得更为放松舒适的心情。

茶与古代文人士子的思想也有着紧密联系。在古时候，一些有识之士空怀抱负却不得志，便以归隐山林来逃避现实的失意。隐逸纵情于山水间，虽生活清苦，却能换来心灵的安逸与超脱。他们终日以山、水、诗、画做伴，或与好友相携品茶，茶自然成为隐逸者所钟爱的饮品。茶性微寒、味甘苦，这些都与隐逸者的心态十分贴切。茶给了文人士子无尽的启示，让他们对美好生活和胸中理想有更深的追求和向往。在罗禀的《茶解》中写道，"山堂夜坐，汲泉煮茗，至水火相战如听松涛，清风满怀，云光艳敛，此时幽趣，故难与俗人言也"。文章描绘了一幅生动的茶事图景，既有山光水色的秀丽，也有煮茶品茗之安逸，恰如一幅人间仙境。文人讲求和投契之人品茶共赏，只有真爱茶的人才有如此体验。这里既展现了自然之风趣，也道出了作者的心灵之感与清雅之美。除了归逸士子，官场人士也好饮茶，但由于身处名利场中，饮茶仅是作为一种交际手段，他们无法全身心纵情于饮茶或品茗之中，也自然难于从中感怀茶的深厚思想内涵。

道家思想讲求的是天人合一的自然之趣，老子在《道德经》中提到，"人法地，地法天，天法道，道法自然"。其中的自然便是指顺其自然，非故意而为之。这种自然观念也充分融入茶文化。茶是自然之物，生长于川谷之间，集天地之灵气，与茶如出一辙的是山间之泉，即自然之水。因此，茶的品质及茶性都与自然环境有很大关联。不同地域的茶体现着不同的茶性特点，生长在寒冷山谷的茶具有极强的生命力，而江南之地气候温暖湿润，茶叶与泉水相匹配。故而，茶的生长环境只有与自然相符，展现其原始风貌，才能称其为好茶。在采茶和制茶过程中，也强调天地自然，追求原生态的情趣。例如，唐代灵一的《与元居士青山潭饮茶》中写道："野泉烟火白云间，坐饮香茶爱此山。岩下维舟不忍去，青溪流水暮潺潺。"全诗描绘出一幅自然山水图，诗人及友人与自然相融，品香茶赏美景，展现出天人合一的自然风貌，令人流连忘返。从诗句中，可以感受饮茶之人希望可以充分体味自然之趣，无论现实境遇如何，都可以不受世俗所累，而一心归于自然，努力追求理想的美好。这也是古人对茶的极致诠释与推崇，以茶之本真反哺自然，追求纯粹的理念。由此可见，茶文化与道家思想结合十分紧密，茶文化中蕴含着深刻的哲理，在道家思想的推动下，茶文化也得到了更为广泛的传播。

3. 茶文化与佛家思想

茶文化与佛教思想渊源颇深，古代就有"茶禅一味"的说法。佛教在东汉时期传入我国，其有着特别的修行活动，例如，茹素、不饮酒、过午不食等等，这些清规与茶文化有了更深的交集，便很快融合在一起。佛教戒律中有僧人坐禅修行的活动，僧人在活动之后难免既疲惫又饥饿，这就使得茶发挥了它的效用，茶既有丰富的营养，又能提神醒脑、修身养性，因此也成为佛教僧人的上佳饮品。在古代典籍记载中，茶能清心明目、陶冶情操，同时还可以助消化、除烦渴。因此，茶十分符合佛教的道德理念，被奉为上品。

早在东晋时期，佛教饮茶就有所记载。《晋书·艺术传》中提到，东晋敦煌人单开道在昭德寺修行坐禅诵经时经常用饮茶的方式来提神醒脑。可见，佛教的坐禅修行与饮茶有着密切关系。在唐宋时期，饮茶之风盛行。寺院也不例外，有的僧人甚至对饮茶专注到了痴迷的程度，有些甚至将茶作为唯一饮品，可见时人对茶的钟爱之甚。人们生活中煮茶品茶，逐渐形成饮茶风俗。及至宋代，僧人饮茶已经十分普遍，茶成为他们日常生活不可缺少的一部分。《茶经》的作者陆羽出身于寺院，对茶的专注也达到痴迷的程度，他对茶文化的贡献享誉古今，为后人研究茶文化提供了宝贵的史料。佛家思想的核心理念是"四大皆空"，从哲学角度来看，"空"是无味即有味的含义。史料《北堂书钞》中曾提到无味如茶，可见，佛家思想中所提到的无味是有味的极致，只有在对佛家思想有所体悟时，才能真正感受其"空"的思想内涵。

古代"茶禅一味"的说法与佛教境界相通，其核心在于以一种从容的心态来应对世界万事万物，自由自在，心无旁骛地应对四时变化，这也是佛教思想中所蕴含的深刻内涵。此外，"悟"也是茶与佛教相融合的体现。在茶事活动中，无论是煮茶、饮茶，还是品茶，虽都是普通活动，但却正是这种平常之事，才能够给人带来不同的精神体验，不同的人在饮茶活动中会有不同的体验和感悟，懂茶之人能够悟出茶文化的境界，不懂之人则难以进入此种情境，感受其高雅。可见，此间种种体验正是"悟"的体现。因此，对饮茶之人，只有不断地修炼自我，提升个人品性，体悟佛教思想中"空"的精髓，最终才能升华精神，这也是茶文化的精神内涵。又如佛教《坛经》中提到，"身是菩提树，心如明镜台，时时勤拂拭，莫使惹尘埃"。这里强调的便是自身的修行，只有真正领悟到佛教的思想内核，才能有所感悟并升华。

佛教作为外来文化，有其自身的思想内涵和文化特点。佛教在传入我国后，通过与道家、儒家思想的不断融合，最终共同成为中华传统文化的重要组成部分。例如在明代《考槃馀事》中曾描述了"坐香习禅"与"饮茶益思"，其中对饮茶的领悟与焚香的感受是完全相通的，二者传达出的文化思想也充分体现了中华传统文化的审美意境与精神内涵。

二、中国酒与传统文化

酒，在人类文明的历史长河中，已不仅只是一种客观的物质存在，而成为一种文化象征，即酒神精神的象征。在中国，酒神精神以道家哲学为源头。庄周主张"物我合一，天人合一，齐以生死"，他高唱绝对自由之歌，倡导"乘物而游""游乎四海之外""无何有之乡"。庄子宁愿做在烂泥塘里自由地摇头摆尾的乌龟，也不愿做昂首阔步却受人束缚的千里马。追求绝对自由、忘却生死利禄及荣辱，是中国酒神精神的精髓所在。

中国早在6000年前就发明了人工谷物酒，同4000年前开始酿造啤酒的亚述地区（今地中海南岸地区）、5000年前开始酿造葡萄酒的中东两河流域一起，被称为世界三大酒文化古国。历经数千年的沧桑巨变，如今，亚述地区的啤酒和两河流域的葡萄酒早已名落孙山。唯独中国酒以其精湛的工艺、独特的风格、最大的产销量和极其丰富的精神文化价值而在世界酒林中独领风骚。

（一）中国酒与传统文化的融合互动

"文化"是与"自然"相对应的概念，是指人类在社会历史进程中所创造的物质财富和精神财富的总和。而中华传统文化，特指在历史积淀中成为传统，并且已经具有稳定形态的中华文化。中华传统文化大体包含四个方面：一是思想观念文化，它对其他不同层面文化的发展和演变产生着影响和起着导向作用，在传统文化中处于基础地位。中国古代思想观念文化以儒家文化和道家文化为主体，此外还有佛家、法家、墨家、阴阳五行家等。二是历史文物，其中包括陶器、瓷器、青铜器、玉器、漆器、金银器、铜镜、古钱等器物，也包括书法、绘画等艺术品，还含有建筑、陵墓、古代服饰等。三是制度文化。四是关于文学、史学、医药养生、农学、天文历算等古代书籍。而酒文化是指围绕着"酒"这个中心所产生的一系列物质的、技艺的、精神的、习俗的、心理的、行为的现象的总和。有关酒的起源、生产、流通和消费，特别是它的社会文化功能及它所带来的社会问题等方面形成的一切现象，都属于酒文化及其相关的范畴。就某一个具体国家的酒文化而言，其中的"文化"实际上指的就是本国的传统文化和现代文化，"酒文化"也就是酒与传统文化和现代文化相结合的产物。所以，酒文化具有鲜明的民族性和时代感，具有对社会生活各个方面发生影响、与其他文化现象紧密结合并发挥作用的强烈的渗透性。中国酒文化就是在中国酒与中华传统文化的密切联系中产生和发展的。

1. 中国酒与传统文化在炎黄时代同步产生

中国同印度、东非并列为人类最早的故乡。数千万年前的中国拉玛古猿历经"元谋人""蓝田人""北京人"的演变，以及其后二三十万年的"古人"阶段，四五万年前的"新人"阶段的演变。在距今五千年到两千年前的新石器时代，一些以农业为主的氏族公社逐渐在黄河两岸定居下来，他们以自己的辛勤劳动创造着历史和文明，这一时代也是史传的炎帝、黄帝时代。炎黄时代是中华文明发展的源头，也是中华传统文化的源头。

农业是古代文明发生发展的经济基础，世界古代文明都是建立在农业基础之上的。中国自古以农立国，农业是中国古代最具特色的物质文化。炎帝最大的功劳正是发展了原始农业，他发明了中国最早的农具——耒耜，提高了耕作能力。相传炎帝培植出了我国最早的耐寒、高产、耐储存的谷粟（小米），因此大大增加了食物来源，使先民们从以渔猎为主的采集生产过渡到以栽培植物、饲养动物为主的新的生产生活方式。因而，炎帝也被人们称为神农氏。与农耕密切相关，炎帝还发明了陶器、医药和舞乐，教导人们定期聚会进行农产品交换等等。黄帝部落的发明也有很多，几乎遍及社会生活的方方面面，其中最值得关注的是文字、衣冠及若干社会制度等的发展。这些发明从物质文明延伸到精神文明，对社会发展起了极大的促进作用。

之后，炎黄、九黎、东夷部落间争斗的结果，促使部落之间相互融合，逐渐形成华夏民族的主体。在这个相互融合的过程中，炎黄部落将当时先进的农业生产传播给了东方，而东方部落的生活习俗也随着部落人们的迁徙而传播到了黄河中游地区，最终促进了华夏民族的发展，共同创造了古老的中华文明。

后人称炎帝之时，"渐革庖牺之朴，辨文物之用"（《拾遗记》），又说，"神农教耕而王天下，师其知也"（《商君书》）。"文"即文明，"智"即智慧，这是人类特有的。一个"文"字，一个"智"字，准确地说明了中华传统文化的开端。

那么，中国酒又源于何时呢？可以肯定地说：同样源于炎黄时代。近年来的考古新发现也证实了这一点，1983年10月，就在炎黄部落发祥地宝鸡地区眉县杨家村二组出土了一组炎帝时代的陶器，计有五只小杯，四只高脚杯和一只葫芦。考古专家鉴定后确认：这批古陶器为酒具无疑，器物为泥质红陶，烧成温度约900度，有5800～6000年左右的历史（《宝鸡日报》1988年9月1日周末文化版）。它是目前我国乃至世界出土的最古老的酒器，为研究中国酒的起源提供了可靠的物证和珍贵的标本。医学名著《黄帝内经·素问·汤液醪醴论》中还记载有黄帝与岐伯讨论酿酒的对话。这些正好与考古学家李仰松1962年提出的"我国酿酒的起源，可能与农业同时或稍晚些时候出现"的论点相一致。

故此，我们可以这样认为：中国酒和中华传统文化是在同一个时代——炎帝时代，且同一个基础——原始农业经济之上产生的；之后，它们又结伴发展，从未停息。有了原始的文明，才能为酿酒提供原料、用具等条件，实现"猿酒"向谷物酒的飞跃。

有了原始的酒，古人闻到了扑鼻的香味和感受到了极大的快乐，就会以更大的热情去生产粮食和制作酿酒用酒的器具，以便源源不断地得到美酒的供应，这就自然地为原始文明的发展提供了一股巨大动力。酒与传统文化也正是在这种紧密联系、互相促进的情况下得到了同步发展。

中国酒与中华传统文化的内在联系实质上是一种重农文化的反映。所以，古人称"清醠（àng）之美，始于耒耜"（耒耜lěi sì，古代一种耕地用的农具，即原始的犁。）同时，中国人的传统观念，例如，"天人合一"的文化理念，提倡忠孝仁爱礼义廉耻的伦理学说和人文精神，以及重土思乡的情感，封闭保守的意识，都是中国自给自足的小农经济时期的产物。这些传统观念，都在中国酒文化活动中得到充分反映，它与西方海洋文化所形成的开放进取、提倡个性解放与个人自由、鼓励自由竞争意识的文化精神有着本质的不同。这也就是中国酒文化不同于西方酒文化、中华传统文化不同于西方文化的根本原因。

2. 中国酒与传统文化在西周时期同步发展成熟

夏朝奴隶制国家的建立，无疑是历史上的大飞跃，酒与传统文化在这一时期都得到了比原始社会更为快速的发展，经由商朝直至西周，中国的酒与传统文化又同时上升到了一个崭新的阶段，基本奠定了它们后世发展的方向。

《汉书·食货志》中写道，西周自农业大师后稷"好稼穑，务本业，殖五谷""言农桑衣食之本甚备""富而思文""富而思乐""仓廪实而知礼义"。发达的农业生产和富足的社会经济促进了文化的大发展，农业和文化的发展必然促进文明的进步，西周的礼乐文明正是在当朝发达的农业和文化基础上产出的。

实际上，西周时的礼，含义很广，既是一种政治法律制度，又是一种仪式与行为规则，还表达了人所具有的恭敬、谦让之心，以作为社会各阶层等级秩序的标志（林永匡《饮德·食艺·宴道》第28页）。西周统治者在总结夏礼、商礼的基础上，将这些制度和规则用一定的形式固定下来，于是便产生了西周的一系列礼仪，这主要集中在《周礼》《仪礼》和《礼记》三本书中。"乐"主要是指音乐、诗歌和舞蹈等综合艺术,它与礼的关系极为密切,《礼记·文王世子》中说:"凡三王教子必以礼乐。乐,所以修内也;礼,所以修外也。"通过礼、乐的内外交修而获得一种统治术,对稳定社会秩序、弥合社会矛盾确有重要的作用。

正因为发展了确立在炎黄时代的农业经济的基础上,才出现了西周礼乐文明和大一统时期的秦代制度文明。西周礼乐文明强调社会各等级精神的和睦相处,秦代制度文明强调国家的统一,这两点成为中华传统文化的两大支柱。(张岂之《中华传统文化》第19页)。也就是说,西周礼乐文明的产生,标志着中华传统文化中的思想文化观念已然成熟。

西周的礼乐文明对西周时期的酿酒、用酒产生了重大而深远的影响,从而促进了中国酒的大发展和大转折,这主要表现在以下三个方面:第一,发明了酒曲。有了酒曲,就可使糖化和发酵这两个过程结合为复式发酵法,使酒的品质和口感迈向一个飞跃。当时,总结的"五齐"(即泛齐、醴齐、盎齐、醍齐、沉齐)"六必"(即秫稻必齐、曲蘖必时、湛炽必洁、水泉必香、陶器必良、火齐必得)的酿酒经验,是世界上最早的酿酒工艺流程,它构成了我国用曲酿酒这种独特工艺的基础。

第二,设官治酒,以法禁酒。西周时王室已拥有颇具规模的酒业机构与酿酒作坊。据《周礼·天官冢宰》中记载,王室的酒官和酒工共达630余人。这些人各司其职,掌管着重大国事活动的饮酒用度,以及王室饮酒和酿酒。酒官的设置,标志着酿酒成为独立的手工业部门,酒文化已成为国家政治生活的重要组成部分。周人虽以农为本,但同时也认为大量酿酒和酗酒会浪费国家粮食,是不可容忍的"罪恶"。为了节约粮食,积蓄国力,西周初年颁布了我国历史上第一部禁酒法典——《酒诰》,它制定了十分严厉的禁酒措施。西周设官治酒、以法禁酒的措施,标志着酒文化与制度文化开始结伴运行,对于几千年来中国的酒政制度产生了极其深远的影响。

第三,大力倡导"酒礼""酒德"。正是在礼治文化的直接影响下,西周颁布了一系列的酒礼规范。所谓酒礼,就是饮酒、用酒场合的礼节,主要是体现饮酒行为中的君臣、尊卑、长幼关系及各种不同饮酒场合的行为规范。西周的酒礼主要记载在《周礼》《仪礼》《礼记》之中。"酒德"的含义是说饮酒要有德行,不能像殷纣王那样"颠覆厥德,荒湛于酒"。西周所倡导的酒德,就是《尚书·酒诰》中提出的"毋彝酒",即不要滥饮酒。统治者倡导酒礼、酒德的初衷,除了想区分尊卑,最主要还是为了禁止滥饮酒。西周倡导的"酒礼""酒德",后来同儒家的伦理道德思想相融合,成为中国酒文化区别于西方酒文化的最大特色。

在中华传统文化的影响下,西周酒业所出现的上述新论点,表明中国酒文化历经数千年的发展已基本成熟,正像西周礼乐文明基本奠定了中国传统思想文化的发展方向一样,西周酒业的发展状态也基本奠定了中国酒文化发展的两个方向:一是用曲发酵。从古到今,用曲发酵是中国的国酒——黄酒、白酒与用菌种发酵的洋酒生产工艺的根本区别;二是把酿酒、饮酒和用酒都纳入法制化、礼仪化的轨道,大大提升了酒的精神文化价值,减少了酒的负面效应。三千年来,中国酒文化历经无数次的发展变革,始终万变不离其宗,正是沿着这样两个方向不断变革,曲折发展,逐步完善的。

西周以后,酒与传统文化结合的日益紧密。举例来说,古代管理学校的官员就称为"祭酒"。封建王朝祭祀时由年长为尊者以酒酹地,此尊长者即称为祭酒,如战国时的荀子。祭酒后来成为国学最高的学官,历代承继,直到清末才废除。历代国学都是传播传统文化的主要阵地,祭酒兼任国学高官,这对于酒与传统文化的研究、融合和传播都起到非常重要的作用,也有力地保证了中国酒文化始终沿着上述两个方向,与传统文化相辅相成,同步发展。

3. 中国酒文化在世界酒文化之林中独领风骚

中国酒本身就是中华传统文化的产物,它与传统文化同根生,同步长,同时成熟,融合发展,相得益彰,须臾不可分割。中国酒的每一步发展都是在传统文化所提供的物质财富和精神文明的哺育下实现的,酒中蕴含着传统文化的辉煌成果。同时,传统文化的发展又离不开酒的载体作用和促进作用,中华美酒滋润了中华传统文化,中华传统文化中也放射着中国酒文化的灿烂光华。因此,中国酒文化是中国酒与中华传统文化融合发展的结晶,它既是社会生产力发展水平的一个标志,也是社会文明程度发展水平的一个标志。

在数千年的悠悠岁月中,中国酒从中华传统文化中汲取了无穷无尽的物质财富和精神营养,永不间断地丰富着、发展着、完善着自身,使它成就了精湛的工艺和遍布全国的各式美酒;使它与政治军事、经济文化、皇权社稷、世俗人情、悲欢离合、亲疏远近、喜怒哀乐、雅俗深浅、性情风度进一步紧密联系起来,从而形成博大精深、异彩纷呈的酒文化体系,在世界酒文化之林中独领风骚。中华传统文化有了酒——这个精神生活和物质生活的催化剂和活化剂,把它作为自己的物质载体之一,也使它得到了纵向更加深远、横向更加广泛的传播,促使它把帝王将相、平民百姓、男女老少的思想观念不断地进行调和协同,以便统一在礼乐文明和制度文明的范畴之内;并使它随着历史的演进、民族的振兴而不断发展,不断获得新的活力。这些,都是世界其他国家的酒文化和传统文化所不可比拟的。因而,中国酒文化和中华传统文化都有着非常鲜明的民族特色和非常强大的生命力。

第四节　扇:大俗与大雅

中国器物文化源远流长,是中华文化的一个重要组成部分。几乎每一个器物的发明、演变都有其丰富的记载和动人的传说,体现了中华民族先民们对美好生活的追求和无穷的创造力。扇,在我国历史悠久且形制繁多,它的产生与发展和社会的进步及政治、经济、文化诸多因素密切相关,与人类生活紧密相连。尤其是在其使用发展过程中,与书画、诗赋、戏剧、歌舞、文学、艺术等各种文化形态交汇融合,形成丰富多彩而又独具特色的又一器物文化——中国扇文化。它是中华民族优秀传统文化中的又一文明宝库。因此,从扇与中华文化入手研讨中国扇文化的形成和发展,对于弘扬我们的民族文化具有特殊意义。

作为中华民族传统文化的代表产物,扇的历史经历了漫长的岁月。追探其源,从考古资料方面进行推测,应该是远在我国文明史之前,或者说:

"扇子的应用至少不晚于新石器时代陶器出现之后"。我们的祖先在烈日炎炎的夏季,以随手可取的植物叶子或动物的羽毛、兽皮等物,进行简单的加工,用来扇风挡雨,这是人心的敏悟,又是生活的必需。又据传早在公元前二十六世纪扇子便产生,且有"其制起于轩辕氏黄帝"之说,其史悠远,难于详考。

或许从那时起,扇子就成了人们日常生活中必不可少的用具。一把小小的扇子,与许许多多历史文化传说结下了不解之缘:文人墨客以扇子为载体,在扇面上题诗作画,赠送亲朋好友;佛教僧人在扇面上抄写经文,便于念经拜佛;青年男女在扇面上书写情诗送给心上人,以表相思或以此作为定情信物;舞台艺人手持扇子在戏台上婀娜起舞,用心烘托人物心理……

经数千年沿革演变、完善改进已发展成几百种的扇子家族,总体可归纳为两大类:一、"平扇",即团扇、葵扇、麦草扇、玉版扇等,不能折叠;二、"折扇",顾名思义可自如敞开收叠。平扇来自"障扇"(掌扇,"箑",古代用竹片编制成的扇子)。战国秦汉时期,一种半规形"便面"因其形似单扇门,故又称"户扇",因单门扇可遮面窥视,便成为当时扇子的主流。"便面"一律用细竹篾编制而成,上至帝王,下至平民皆用之。

一、扇子的起源

晋代《古今注》记载,扇子发端于殷代,以鸟羽制成,作仪卫之美。三国孔明之羽扇,非为自用,而是仪令之物。汉代之后,湖南竹扇、山东纨扇问世,才用之除热取凉。及宋时,折扇由朝鲜传入神州,张合自如,风行一时,苏东坡曾有"高丽白折扇,展之广尺余"的妙语。

团扇出现较早,又称宫扇。团扇近圆形,是圆满的象征。汉成帝的妃子班婕妤写过一首《团扇歌》,称团扇"团团似明月",故也把团扇比喻成"合欢扇"。

折扇出现较晚,因可折叠,方便随身携带,流传最广,在古代几乎人手一把。折扇开合自如,开之即用,合之则藏,有进退自如,逍遥自在的寓意。另外,因"扇"与"善"谐音,扇子也寓意"善良""善行"。

"扇子有风，拿在手中。有人来借，等到秋冬"。这句民间俗语，客观述说了扇子的日常功用。千百年来，扇子制作多姿多彩，用材用料五花八门。常见的有竹扇、蒲扇、草扇、葵扇、藤扇、纸扇、罗扇、羽扇、绢扇、骨扇、檀香扇等，形状有圆、方、梯、椭圆、梅花、海棠、葵花、六角等。苏州檀香扇、杭州绫绢扇、广东新会火画扇、四川自贡竹丝扇被称为中国四大名扇，广东芭蕉扇、牛骨扇、山东麦秆扇、山西藤扇、四川棕榈扇、浙江雕毛扇、湖北羽扇，都是享誉中外的扇中珍品。

伴随着扇子的普遍使用，扇文化也逐渐形成。最有特色的当为唐宋时代的"扇诗"和"扇画"。中国戏曲故事，许多也与扇子有关，还有一些直接以扇子命名，《桃花扇》《买花扇》《檀香扇》等。如今，扇子还是评弹、曲艺、戏曲、舞蹈等演出的道具，昆曲、京剧、蒲剧、川剧等许多剧目中都有运用扇子的技巧，各具特色。民间的扇谣、扇谜中，不少也脍炙人口。例如，"有风不动无风动，不动无风动有风；等待梧桐落叶时，主人送我入冷宫""合起像把尺，展开如半月；人家笑它冷，它笑人家热"。其比喻，生动形象，富有哲理与情趣。

（一）中国四大名扇集锦

1. 火画扇

火画扇是广东新会著名的传统手工艺品。始创于清代同治末年，后来工艺逐步发展，制作时选薄玻璃扇两柄，合成一柄双面扇，然后用一种特制的火笔作画而成，清秀典丽，永不褪色，是欣赏收藏的精品。

2. 绫绢扇

绫绢扇是中国传统手工艺品之一，属于宫扇的一种，产于浙江省。原是贵族妇女的赏玩之物。用细洁的纱、罗、绫等制成的一种扇子。一般多圆形，故又名"团扇"。亦有腰圆、椭圆和"钟离式"等。以苏州生产的最精良。造型美，画面精。用铁丝作外框，用绢糊面，彩带沿边。以绘画、刺绣、缂丝、抽纱、烫花、通草贴花等作为扇面装饰。

3. 檀香扇

檀香扇，汉族特色手工艺品，是苏州的一大特产，用檀香木制成的各式折扇和其他形状的扇。檀香木，又名旃（zhān）檀，白者白檀，皮腐色紫者紫檀，木质坚硬。檀香木制成的檀香扇具有天然香味，用以扇风，清香四溢。

4. 竹丝扇

竹丝扇俗称龚扇，中国传统手工艺术珍品。有灿若云锦、薄如蝉翼的美称。扇面多是桃形，形似纨扇，是用细如绢丝的竹丝精心编织而成。

二、扇面画的发展

随着科技的发展和人们日常生活条件的改善，如今的扇子已从实用品演变为欣赏品，扇文化的魅力也愈加放大。它不仅体现于人们对扇子的使用，而且更在于对一把扇子的欣赏。而欣赏扇子，主要是欣赏扇面和扇骨，历代书画家喜欢在扇面上绘画或书写诗词抒情达意，或为他人收藏或赠友人以题词留念，因此扇面承载着整扇所表达的主要内容和情感寄托。

中国的扇面画历史可以追溯到南北朝时期。中国唐代画家、绘画理论家张彦远在《历代名画记》中记载南朝梁文学家萧贲"曾于扇上画山水，咫尺内万里可知"。萧贲于扇上作山水，扇中景物在咫尺之内，却令人觉得有万里之遥，可见其作画功力深厚。南北朝时期山水诗、山水画盛行，从而扇面上多山水，具有清秀简约的艺术风格，这与当时的文化背景和社会生活是一致的。当时，受老庄哲学及佛教传入的影响，又经历了战乱和统治的黑暗腐朽，文人们厌倦了世态炎凉，渴望宁静的生活以达到"禅悟"的"出世"的境界，山川流水这一自然之景就成为当时文人社会生活的一部分。文人们就以扇为载体，将自然物上打上自身的生活寄托、文化精神的烙印，赋予当时的扇面画以清秀简约的艺术风格。

隋唐时期，国家统一，经济繁荣，随之带来的文化发达让文人在扇面上题诗作画的兴趣更为浓厚。周昉的《簪花仕女图》描写当时宫廷贵妇的生活与穿戴、所用器物等，画中的仕女手持长柄团扇，其扇面绘制了雍容华贵的牡丹花图案；南唐画家顾闳中的《韩熙载夜宴图》中，也有仕女手持团扇，上面绘制山水树花等自然物；更有诗人罗隐作《扇上画牡丹》来吟诵扇上牡丹之翩然逼真。

宋代随着绘画艺术的蓬勃发展，文人与绘画的关系越来越密切，宋折扇的大量制作加上永乐皇帝朱棣的青睐和推广，宋代宫廷画家更是画扇成风，书画扇面相应得到飞速发展，臻于顶峰。受理学影响，宋代扇面画风格清丽素雅，色彩深沉，富有理性美。宋徽宗赵佶的《枇杷山鸟图》、徐熙的《豆花蜻蜓图》、刘宗的《群鱼戏藻图》等皆是扇面精品。

宋代团扇书画和明清的折扇书画堪称书画扇巅峰。扇面画，以明代最贵。声名煊赫的"吴门四家"扇面作品，现如今拍卖价格已达百万、千万元。明清时代，苏州地区形成吴门画派，文人画得到了蓬勃的发展。又由于江南制扇工艺高度发达，由此留下了许多具有江南特色的扇画及扇书，如文徵明的书画扇面绘画线条温润秀丽，含蓄内敛，婉约动人。明末画家文震亨在其著作《长物志》中云："姑苏最重书画扇……素白金面，购求名笔图写，佳者价绝高……纸敝墨渝，不堪怀袖，别装卷册以供玩，相沿既久，习以成风，至称为姑苏人事。"

清代是中国折扇大发展时期。扇子在文人官员间的使用更加频繁。扇子不仅是用以随身携带的扇风引凉的工具，在成为一种欣赏性艺术品的同时，更是成为一种身份地位的象征，成为文人名仕彰显自身社会角色的道具。乾嘉以来金石学大兴，清代及第的状元乐衷于以自身扎实的书法功底在扇面上写诗作画，体现个人风格，表现自己的博学多才和显贵，以此馈赠亲朋好友，使他们颇感荣耀，带给他们莫大的光荣。这一流行的扇面艺术被称为"状元扇"，是清代独特的文化现象。

三、扇与歌舞喜剧

几百年来，由于扇子的多功能特性，它不仅是工艺家施展才艺的天地，也不仅是文人画家题诗作画的艺术领域，还成为表演艺术家借以表情达意的道具，登上了舞台。

歌舞百戏用扇子当道具由来已久。唐宋时"歌扇"已成为诗文中习用名词，杂剧艺人不分男女腰间必插一扇，元杂剧中扇子已成为必不可少的表演道具，成为表演艺术的重要部分。表演人物身份的不同，用扇也不尽相同：文生扇胸，花脸扇肚，小生不过唇，黑净到头顶；丑扇目，旦掩口，媒婆扇两扇，僧道扇衣袖，其中极有讲究。演员借助扇子，通过挥、转、托、夹、合、遮、扑、抖、抛等动作的变化与组合，配合身段，衍化出各种舞姿，以展示人物的不同性格、心境、感情。《牡丹亭》中的杜丽娘、春香，《红梅阁》中的李慧娘，《西厢记》中的红娘，都有俏丽多姿的扑蝶舞扇动作，展示了女性的妩媚、娇美。梅兰芳演戏，讲究"扇子功"，他在《贵妃醉酒》中，运用扇子巧妙地表演了杨贵妃的醉态和复杂的内心世界。歌舞剧《采茶扑蝶舞》《霓裳羽衣舞》及《东方红》中《葵花向阳舞》，都用特制的羽毛折扇伴舞，民族风味浓郁。用来说书，一扇可作刀枪，可代笔墨，演来惟妙惟肖。也有不少剧目和文学作品是以扇为主题的，如《桃花扇》《沉香扇》《蕉扇记》《孙悟空三借芭蕉扇》《晴雯撕扇》等。扇上桃花，笔底波澜，孔尚任把桃花扇放置在戏曲结构组织中的一个引人注目的殊要地位上，并以为剧名，"南朝兴亡，遂系之桃花扇底"，表现了作家艺术上的精妙匠心。

尤值得一提的是，在中国民间舞蹈中，像北方的秧歌，南方的采茶灯，淮北一带的花鼓灯、花灯，演员都手中持扇，载歌载舞，表现美好生活。少数民族哈尼族民间舞蹈"扇子舞"中舞者手持羽毛扇，身穿白衣仿白鸽，被誉视为追求和平自由的象征。

四、有关扇的轶闻

古时，精巧的扇子，往往又是一物数用，令人叫绝。镂穿边骨、内嵌藏小牙牌32块的折扇，可作喝酒行令之用；体轻面薄、涂香绣花的春扇，成为大家闺秀闭面窥人的"瞧郎扇"；扇骨藏首，铁页册联的折扇，则是绿林好汉、江湖郎中或者文弱谋士防身备患的暗器。《封神演义》中阐教派高人道德真君有把五火七禽扇，扇中容藏空中火、石中火、木中火、三味火、人间火等五火，威力无比，曾把"红水阵"阵主王变化成幻灰，真是神怪至绝。

在我国，一提到诸葛亮，就令人想到"羽毛扇"，"羽毛扇"便成了智囊或谋士的代名词。魏晋时，执麈清谈是名士士大夫的一种风流雅趣，尽管天气渐凉，士大夫名士还是照常手持一扇访亲会友，以示风雅。这一时期的扇成为风雅、有地位、有修养的象征。就连民间福寿禄"三星"中的福星也是手执一把羽毛扇，八仙人物中汉钟离是手持温凉蕉扇。

羽扇还曾被用以指挥三军。据文献记载，诸葛亮临战，以羽扇指挥军队，司马懿不胜赞叹："可谓名士矣！"由此可知，古时扇子店对联云"右军五字增声价，诸葛三军听指挥"说的是有史有实的。东晋时，老将顾荣平叛，两军对峙，顾荣羽扇一挥，叛众立溃。200年后，梁简文帝还怀念道："终无顾庶子，谁为一挥军。"大文豪苏东坡也曾作《祭常山回小猎》诗："圣朝若用西凉薄，白羽犹能效一挥。"说起扇子的军事应用，值得一提的是通州发现的"军粮经纪密符扇面"，该折扇两面共画有100个符，代表通州100家军粮经纪。这些符形抽象，还有不少仍是未解之迹。

关于扇子的仪仗功用，前面已提及。扇子作为仪具流行了相当长的时期。舜的五明扇几经沿革，至唐玄宗时，大臣萧嵩订立制度，在正殿上设置羽扇，"上将出，所司承旨索扇，扇合上坐，坐定去扇；礼毕，上将退，又索扇如初"。（《唐会要》卷二十四）羽扇使皇上不轻易露其尊容。自汉唐至明清，凡是皇帝、后妃及达官贵人等起居、驻行的场所，多以成对的仪仗扇表示其高贵的社会地位。在清代及民国年间，民间婚丧嫁娶也有用掌扇作仪仗的风俗习惯。历史上的仪仗扇最终伴随着阶级的覆灭而消失。

扇子也作为礼品传递着人们的情感。扇子作为礼物，既经济，又高雅，富有情趣，很受人们喜爱。前面已提到，折扇在中国起始只是私觌（dí）物，是从国礼中来的。文人墨客相互题扇作画、以扇相赠更是常事。更有趣的是，有些地方青年男女往往就是通过这小小一把扇来定终身的。

由于扇子外形美观，蕴含着极为丰富的文化内涵，寄托了人们丰厚的情思，所以扇子又作为高雅的装饰品装饰在厅堂墙壁上，美化着人们的生活。

扇丰富了人们生活，丰富了中华文化，也丰富了中国科学。在几何学中，有一术语叫"扇形"，是明人徐启译《几何原本》时从折扇受到启发，由原英文"圆的两个半径及其所截之弧围成的一部"而译来的，原文是何其繁杂，译文又是何其简练。

作为具有数千年历史的中国扇子，在一定的文化背景下产生和发展，并与中华文化交汇融合萌发扇文化，是考察我国文化创造活动的重要历史见证。中国扇与中华文化在整个人类文明中不可或缺，是人类文化史研究的重要对象之一。随着人们的重视及扇子博物馆的成立，进一步研讨扇及扇文化，对弘扬中国扇文化，系统地保存、研究扇子这类古物，乃至促进中外文化的交流无疑是十分有益的。

时至如今，扇子又融合新的技艺，提高到时代的新水平，扇文化趋向新的繁荣。尽管已进入电扇和空调时代，但是扇子作为日用器物和艺术欣赏品仍然有广泛的用途，特别是它的文化欣赏价值，已越来越引起人们的兴趣和珍视。尤以将我国书画艺术与传统工艺巧妙结合的扇子，更是深受国内外人士的喜爱，它内涵丰富，具有浓郁的民族风格，被誉为"东方艺术的瑰宝"。扇子不仅仅是一种重要的旅游文化商品，被世界各国的博物馆与个人广为收藏，并在中外文化交流中起到传播中华传统文化的重要作用。扇子具有电扇或空调所不能替代的优点："制舒疾于一掌，引长风乎胸襟，荡烦垢于体外，流妙气于中心"。因此，扇子与扇文化大有它延续与发展的广阔前景。

第五节　民族音乐文化与民乐器

一、民族音乐与传统文化

中国民族音乐有悠久的历史传统，早在四五千年前的原始氏族社会中，就产生了原始的歌舞和歌曲，及至殷周奴隶主统治的时代，音乐文化已相当发达。在两千多年的封建历史长河里，音乐不断得到发展。在中国历史上曾经多次出现音乐文化繁荣昌盛的时代。中国民族音乐是中华民族传统文化的重要组成部分，它反映出中华民族的伟大精神，体现了中华民族的情感、意志、力量、幻想和追求。

中国民族音乐文化是根植于中国悠久的传统文化土壤之中，独特的中华传统文化造就了独特的民族音乐。中国民族音乐基本上由宫廷音乐、文人音乐、宗教音乐、民间音乐四部分构成。

宫廷音乐。一部分是典制性音乐，如各类祭祀乐、凯歌乐、朝会乐等；另一部分是娱乐性音乐，如各种筵宴乐、行幸乐。这两大部分音乐体现了宫廷贵族文化的两个侧面，一是皇权至上自我形象的塑造，二是贵族阶层的精神享乐。

文人音乐。文人音乐包括古琴音乐与词调音乐，它与书、绘画、诗词共同构成中华传统文化中独特的文人文化，琴、棋、书、画，琴居首位。古琴音乐追求的是超尘脱俗的意境与天人合一的思想，追求"清、幽、淡、远"的浪漫色彩，这种音乐最符合封建社会的"中和"思想，成为古人修身养性，塑造人格的最好手段。

宗教音乐。宗教音乐体现了中国宗教信仰的多元化特点，佛教、道教、基督教、萨满教在各自的文化基础上各有特征。外来的宗教带来的外来音乐和乐器不断与本土音乐相融合。较浓的民间风格、大量的宗教音乐以民间歌曲为基础加以改动使之仪式化、教仪化。

民间音乐分为民歌、歌舞、说唱、戏曲、器乐，以综合艺术为主。独特的中华传统文化孕育了独特的民族民间音乐的体裁、形式、风格、内容，成为中国民族音乐的基础。它的特点：（1）丰富性。中国土地辽阔，民族众多，民间民俗千姿百态，形成品种繁多的民间音乐。据不完全统计，至今已收集到的民歌约有30万首，独奏、重奏、合奏乐曲不可胜数；民族乐器200余种；中国的民族曲艺200多个曲种；戏曲有360多个剧种。曲艺和戏曲都是综合性艺术，音乐是其重要的组成部分之一，同时也是各剧种、曲种特征和风格的主要体现者。至于这众多剧种、曲种中丰富多彩的剧目、曲目、声腔、板式、曲牌、行当、流派、唱段、文武场音乐等，更是无法记数。（2）不确定性。民间音乐一般为口头产生，口头传授。口头发展使民间音乐更具有不确定性、变迁性、创新性、即兴性。（3）通俗性。民间音乐是劳动人民共同创造的音乐文化，它表现了劳动人民的生活，抒发了他们的感情，表达了他们的意志和愿望，独具浓郁的乡土气息和民族色彩，更贴近广大劳动人民，并为他们所接受和喜爱。（4）实用性。许多民歌还未完全摆脱实用功能的原始形态，如各类劳动号子仍具有实用性和表现性两种功用。它的表现性在于用艺术形式反映劳动者的力量、态度、志向和审美情趣，它是劳动人民生活状况的直接反映。

丰富多彩的民族音乐折射出中华传统文化的方方面面，成为中华传统文化的重要载体。同时它又以其独特的功能作用于中华传统文化之中。中国传统的世界观"天人合一""天人感应"，崇仰创造万物的大自然，又重视人的内心体验，而音乐的产生正是源于人心对大自然的感悟。"凡音之起，由人心生也。人心之动，物使之然也。感于物而动，故形于声"。古人认为"音乐达天地之和而与人之气相接"。音乐不但是由人们对大千世界感悟而产生，而且还能反过来调整情绪，调和人心，使人与人之间的关系达到协调和平，"七情不能自节，待乐而节之，至性不能自和，待乐而和之"。在重视道德的封建社会，儒家利用音乐塑造理想人格以达到儒家学说中的核心"仁"。儒家代表人物孔子认为人的全面修养不能缺少音乐，孔子对平和优美的《关雎》大加赞赏。孔子曰："《关雎》之乱，洋洋乎盈耳哉！"而对激烈抗争的郑国民间音乐却强烈反对。孔子曰："放郑声，远佞人。郑声淫，佞人殆。"

在中华传统文化的观念里，音乐不仅起着塑造人格的作用，还有治世安邦的功效，《吕氏春秋·适音》曰："凡音乐，通乎政而移风平俗者也。"《礼记·乐记》曰："致礼乐之道，举而错之，天下无难矣"。中国封建社会的巩固发展主要依赖于"礼乐"制度。儒家便是"礼乐"制的倡导者。"乐者，天地之和也；礼者，天地之序也。"乐是指宫廷雅乐，它的实质功能是对"礼"的辅佐，把最具震撼人心的音乐形式与礼法结合在一起，其渗透力和凝聚力是强大的。孔子对音乐的内容与形式非常重视，他赞美古代乐舞《韶》乐对舜仁德文治的歌颂及《九辨》完善的艺术形式。《论语·述而》："子在齐闻《韶》，三月不知肉味。"孔子评价《韶》乐尽善尽美也。而对周朝乐舞《大武》的艺术表现形式除给予高度赞扬，对其表现周武王伐纣灭商的战争功绩的内容却给予批评：《大武》，尽美未尽善也。

民族音乐在中华传统文化中的重要地位，还表现出它与传统文化互相交融、互相联系、共同发展、共创辉煌的主要特质。

中国诗词，声调音韵抑扬顿挫，在平仄交错中形成音乐的旋律之美，而诗词不同长短句组合，各种格律的运用又显示出了音乐节奏之美。

中国的书法艺术中无论是龙飞凤舞的墨迹，还是书者瞬间的节奏运用的律动感都是有音乐灵感的精神气质。

中国的绘画，"以形写神""形神兼备"的绘画思想，清晰的线条、造型，清淡的色调意境，显现了音乐流动的旋律美。

而中国的舞蹈、戏剧更是与音乐结合为一体，形成大型的综合艺术。

抛开技巧性、技术性把中国民族音乐作为中华传统文化的一个层面来审视时，就会发现民族音乐是中华传统文化的一面镜子，它折射出中华民族悠久的历史画面，透视出中华民族独特的情感世界和人文精神。所以，我们只有了解中国民族音乐才能真正了解中华文化精神。

二、民族乐器

我国地域辽阔，民族种类繁多，不同少数民族拥有不同的生活习惯和民俗风情，尤其是民族乐器备受世人喜爱。对于民族乐器而言，它是各少数民族灿烂文化的重要组成部分，具有较高的文化传承价值。作为我国民族的优秀文化瑰宝，民族乐器蕴藏着深厚的文化内涵，不仅种类较多，而且形式各异，它反映了一定的风土风格和民族审美情趣，还充分展现了56个民族文化的独特魅力，一举成为中国人的骄傲。随着岁月的流逝，时代的变迁，流传至今的民族乐器有了些许不同于古时的变化，但却依然牵系着古今，传承着中华民族凝聚在乐声中的智慧和创造力。

从西周开始民间就流行吹笙、吹竽、鼓瑟、击筑、弹琴等器乐演奏形式，那时涌现了师涓、师旷等琴家和著名琴曲《高山》和《流水》等。

秦汉时流行鼓吹乐，魏晋时的清商乐，隋唐时的琵琶音乐，宋代的细乐、清乐，元明时的十番锣鼓、弦索等，演奏形式丰富多样。

俞伯牙摔琴谢知音，嵇康临刑前弹奏绝唱广陵散，白居易诗歌"犹抱琵琶半遮面"，中国古代的音乐总是与文学联系在一起，总是带有那么一些诗意的内涵。

中国民族乐器分为吹奏、打击、弹拨、拉弦四大类。

（一）吹奏乐器

民族乐器中的吹奏乐器一般是竹制的，包括笛、箫、笙等。我国的吹奏乐器的发音体大多为竹制或木制。根据其起振方法不同，可分为三类：

第一类，以气流吹入吹口激起管柱振动的有：箫、笛（曲笛和梆笛）、口笛等。

第二类，气流通过哨片吹入使管柱振动的有：唢呐、海笛、管子、双管和喉管等。

第三类，气流通过簧片引起管柱振动的有：笙、抱笙、排笙、巴乌等。

（二）打击乐器

中国民族打击乐器品种多，技巧丰富，具有鲜明的民族风格。根据其发音不同可分为：

1. 响铜，如大锣、小锣、云锣、大、小钹，碰铃等；

2. 响木，如板、梆子、木鱼等；

3. 皮革，如大小鼓、板鼓、排鼓、象脚鼓等。

中国打击乐器不仅是节奏性乐器，而且每组打击乐器都能独立演奏，对衬托音乐内容、戏剧情节和加重音乐的表现力具有重要的作用。民族打击乐器在中国西洋管弦乐队中也常使用。

民族打击乐可分为有固定音高和无固定音高两种。无固定音高的如大、小鼓，大、小锣，大、小钹，板、梆、铃等；有固定音高的如定音缸鼓、排鼓、云锣等。

典型乐器：堂鼓（大鼓）、碰铃、缸鼓、定音缸鼓、铜鼓、朝鲜族长鼓、大锣、小锣、小鼓、排鼓、达卜（手鼓）、大钹。

（三）弹拨乐器

中国的弹拨乐器分横式与竖式两类。横式如筝（古筝和转调筝）、古琴、扬琴和独弦琴等；竖式如琵琶、阮、月琴、三弦、柳琴、冬不拉和扎木聂等。

弹奏乐器音色明亮、清脆。右手有戴假指甲与拨子两种弹奏方法。右手技巧得到较充分发挥，如弹、挑、滚、轮、勾、抹、扣、划、拂、分、摭、拍、提、摘等。右手技巧的丰富，又促进了左手的按、吟、擞、煞、绞、推、挽、伏、纵、起等技巧的发展。

各类弹奏乐器演奏泛音有很好的效果。除独弦琴外，皆可演奏双音、和弦、琶音和音程跳跃。

（四）拉弦乐器

拉弦乐器主要指胡琴类乐器。其历史虽然比其他民族乐器要短，但由于发音优美，有极丰富的表现力，有很高的演奏技巧和艺术水平，拉弦乐器被广泛使用于独奏、重奏、合奏与伴奏。

拉弦乐器大多为两弦，少数用四弦，如四胡、革胡、艾捷克等。大多数琴筒蒙的蛇皮、蟒皮、羊皮等；少数用木板，如椰胡、板胡等。少数是扁形或扁圆形，如马头琴、坠胡、板胡等，其音色有的优雅、柔和；有的清晰、明亮；有的刚劲、欢快、富于歌唱性。

典型乐器：二胡、板胡、革胡、马头琴、艾捷克、京胡、中胡、高胡。

民族乐器大约有5000年的历史，且每一种乐器都是特定历史阶段的产物，其背后凝结着当时乐器创作者的心血和智慧。正因为年代遥远，许多人认为民族乐器落后于近代，已是归于陈旧的东西，弃之不管，更不愿意花费精力去学习。还有人错误地认为民族乐器只适用于村里婚丧嫁娶的配乐。在数字化时代，我国社会经济发展速度较快，时代持续更新，新鲜事物风起云涌，但是戏曲、民族乐曲等国乐不可抛弃，因为它是中华民族的财富和重要瑰宝。

在人类历史发展的进程里，任何事物都会发展变化，只有时刻跟上时代的脚步，才能被现代人接受和认可，以此实现自身的可持续发展。民族乐器不仅仅是一种传统的音乐艺术收藏品，还是民族文化的承载体，对其进行传承具有不可估量的现实意义。民族乐器蕴含着极高的民族音乐文化价值，不仅要传承经典，继承精髓，还需要实现其与现代音乐的有机结合，激发我国传统民族乐器的生命力，从而为现代音乐艺术文化体系注入新的血液，这样才能全方位创新民族乐器，使其绽放光芒，永葆青春。

第五章 从衣食"筑"行品国际汉语教学

第一节 衣：中国传统服饰的现代诠释

一、传统服饰的现代诠释

中国以"衣冠礼仪之邦"著称于世。在中国传统服饰文化中，最应引起重视也易被忽略的是手工技艺的传承。那些通过数千年"手工制物"所积淀的精湛技艺才是我们的真正遗产。

在原始织机出现之前，中国先民最先用"緂麻索缕，手经指挂"进行面料生产。在四川广汉三星堆青铜立人像身上从右肩至左腋处斜挎着一条精美的组带，其结构之复杂程度今人不可想象。从汉代起，组带（绶）已成为一种制度，地位越高，组带越复杂华丽。在新疆尼雅出土了一条线带，宽度在25厘米间，约有960根线，精美至极。

栽桑、养蚕、纺丝、织造丝绸是中国古人的伟大发明。中国丝绸种类多，织造技术高超，图案花纹精美，中华服饰文明形成与发展都是以此为基础的。据考古发现，中国早在四五千年前就有了丝织品。蚕在古代被认为是具有神性的大富之虫。丝绸这一造物为中华文明赢得了永久的世界声誉。

丝绸的发展得益于先进的织机技术。早在殷商时期，中国先民已经使用提花装置进行纺织。周代统治者更是设立了主管纺织品的官职，负责纺织品的生产和征收。春秋战国时期，丝织品种不仅丰富多样且图案精美复杂。江陵马山一号楚墓出土的凤鸟花卉纹绣、浅黄绢面棉袍衣领外侧的纬花车马人物驰猎猛兽纹绦就是一例，在带宽不足7厘米的方寸间，上下两行图案描绘了场面广阔、细节充分的古代田猎大场面。西汉时，政府在陈留郡襄邑（今河南睢县）和齐郡临淄（今山东淄博）两地设有规模庞大的专供宫廷的官营丝织作坊，此时出现了斜织机、多综多蹑花织机、束综提花机、罗织机、立织机等。在西汉帛画和汉画像石中有织布、纺纱和调丝操作的图像，展现了纺织生产的生动情景。长沙马王堆汉墓出土的文物中，有保存完好的绢、纱、绮、锦、麻布等织品，其中的素纱单衣仅重49克。清代的京内织染局、江宁织造局、苏州织造局、杭州织造局，将中国丝绸生产技术推向顶峰。各具特色的宋锦、蜀锦、云锦、缂丝等无数名品，乃至纺织业被中外学者共识为代表中国科技史研究的重项。依附于纺织材料的是刺绣技艺。至战国时刺绣工艺日臻完善，湖南江陵马山一号楚墓出土了很多有满地刺绣的精美纺织品和服装。至汉代，艺术开始融入刺绣技艺。马王堆一号西汉墓出土纹样以变体云纹为主，也有龙头、凤头与变体云纹连成一体的云中龙、凤，还有变体植物纹、茱萸纹、几何方棋纹等。

除了纺织、刺绣技艺，更令人称道的是古人对服装裁剪技术的高超运用。在江陵马山楚墓出土素纱棉袍的腰部和背部各有一处省道结构。古人通过这两处"收省"，一方面，使上衣形成15度"落肩"，既方便运动，又更接近人体自然姿态；另一方面，在收缩腰部的同时，相对扩大了胸围量。其非常合乎人体特征和运动规律的"设计"，比起西方13～14世纪末期才开始使用省道技术领先了一千多年。河北满城汉墓出土金缕玉衣的袖笼造型，与我们今天西装袖的造型极其相似，由此可知汉代已有了高超的人体三维包装技术。

从机能性考虑，古人会在袍服的后部或两侧开衩，史称"缺胯袍"，在保持服装外形端庄的同时仍不失实用功能。出于骑射需要，元代先民还创造了在腰部横断，下裳施加褶裥的裙袍一体式服装"辫线袍"。这种形制与游牧民族的马背生活和谐统一，上身紧凑使人在骑马时手臂灵活自由，下身宽松则易于骑乘。元代以后，尽管明朝政府曾下诏"衣冠如唐制"，试图恢复汉族服饰礼仪，但辫线袍不仅没有被淘汰，反而对后世服装式样产生了深远的影响。至清代，辫线袍演变成上衣下裳的袍裙式服装结构的清皇帝朝袍。

它最初诞生于实用功能的需要，在被符号化定型之后，最终成为一种附加于服饰之上的文化象征。

服装是一面镜子。它体现了人对自然的改造，也反映了自然对人的塑造。中国季风性气候显著：冬天寒冷，服装密闭包裹；夏天暑热闷湿，服装宽松轻薄；春秋温度适中，服装形态自由。正是一年四季各有不同的气候特点，塑造了中国传统服装前开前合、多层着装的服装形态和"交领右衽""直领对襟"的衣襟结构。前者两侧衣襟作"又"字形重叠相掩，其衣襟的叠压方向体现了中华传统文化"以右为上""尊右卑左"的观念；后者衣襟为直线，竖垂于胸前。这是季风性气候最适合的着装形式，通过服装的叠加与叠减，实现对身体温度的调节。

服装可以反映文化，当以"深衣"为典型。据儒家典籍记载，古人出于尊古和文化象征的需要，创制了上下分裁的一体式深衣，还从文化、伦理的角度赋予了它公平（下摆齐平如秤锤和秤杆）、正直（衣背中缝线垂直）、礼让（衣袖作圆形以与圆规相应，象征举手行揖）、无私（衣领如同矩形与正方相应，象征公正无私），甚至是天地乾坤、日月轮回（下裳用6幅，共裁12片，对应一年12月）的诸多象征也纳入其中。

每一种独特的服饰文化都有自己赖以滋生的地理环境和社会环境。前者决定着中西方服饰文化的基本形态，后者又将中西方服饰文化推向了各不相同的发展方向。由农耕文明发展而来的"天人合一"观，使中国传统服饰具备"师法自然、人随天道"的理想内涵。在汉代已经有根据季节选择服装色彩的"五时色"制度。清代皇帝朝服的色彩也需根据穿用场合和时间有所区别，日常用黄色，祈谷用蓝色，祭日用红色，祭月用月色。传统服饰中还有"四季花"和"节令物"。先民通过拟物象形的服饰元素进行情景设定，构建出生动和谐、时节有序、内外融合的"新世界"。

最重要的是，中国古代农业生产方式形成的祭祀文化和血缘宗法制度，深刻地影响了中国传统服饰礼仪制度的形成，即文章开头所提"衣冠礼仪之邦"。早在西周，古人就已形成六冕、四弁、六服等丰富的服饰礼仪文化。经历汉代、唐代、宋代、明代的补充和丰富后，直至清代，中国服饰形成一套缜密、繁缛、严谨的礼仪体系。处于社会中的人，被井然有序地安置于由冕旒、纹章、绶带制度所交织而成的礼仪等级中。人们只能根据自己的身份和穿用的场合选择与自身相对应的服饰，服装表现了在中国传统等级社会中人与人之间相互协调与制约的复杂关系，充分体现了中国古人升降周旋、揖让进退与"唯礼是尚"的高度智慧和理想追求。

二、传统服饰的历代演变

（一）春秋战国——深衣袍服

春秋战国之交，"百家争鸣"的社会环境对服饰也有不同程度的影响。这时出现了一种上衣下裳相连的服装——深衣。

春秋到汉代，曲裾深衣、直裾深衣是深衣的主要款式。深衣承接上衣下裳，是一种根据礼制而制定的衣服，所以一直以来都深受士大夫阶层的喜爱。采用圆袖方领，以示规矩，意为行事要合乎准则；垂直的背线以示做人要正直；水平的下摆线以示处事要公平。

（二）汉服——褒衣广袖

汉服自古礼服褒衣博带、常服短衣宽袖。当西方人用胸甲和裙撑束缚女性身体发展时，宽大的汉服已经实现了放任身体随意舒展的特性。

汉服的袖子又称"袂"，其造型在整个世界民族服装史中都是比较独特的。袖子都是圆袂，代表天圆地方中的天圆。袖宽且长是汉服中礼服袖型的一个显著特点，汉服的礼服一般是宽袖，显示出雍容大度、典雅、庄重、飘逸灵动的风采。

汉服包括衣裳、首服、发式、面饰、鞋履、配饰等共同组合的整体衣冠系统，浓缩了华夏文化的织、蜡染、夹缬、锦绣等杰出工艺和美学。衽，本义衣襟。左前襟掩向右腋系带，将右襟掩覆于内，称右衽，反之称左衽。

这就是"交领右衽"传统，也和中国历来的"以右为尊"的思想密不可分。汉服的领型最典型的是"交领右衽"，衣襟在胸前相交叉，左侧的衣襟压住右侧的衣襟，在外观上表现为"y"字形，形成整体服装向右倾斜的效果。

（三）南北朝——华袿飞髾

魏晋时期衣冠一秉东汉追求繁华、奢丽的风格，敝屣旁边加以垂饰飘带。服装看起来异常飘逸，这便是彼时辞赋中的"华袿飞髾"。女子服饰则长裙曳地，大袖翩翩，饰带层层叠叠，表现出优雅和飘逸的风格。

款式多为上俭下丰，衣身部分紧身合体，袖口肥大，裙为多折裥裙，裙长曳地，下摆宽松，从而达到俊俏潇洒的效果。加上丰盛的首饰，反映出奢华糜丽之风。

（四）唐——惯束罗衫半露胸

唐代服饰制裙面料多为丝织品，但用料有多少之别，裙腰上提高度，有些可以掩胸，下身仅着抹胸，外披纱罗衫，致使上身肌肤隐隐显露。

齐胸襦裙。这种款式无论身材丰腴还是瘦削都能达到别样的飘逸效果。小贴士大袖衫，大气飘逸。充分反映了唐代繁华、恢宏、大气的文化特征，呈现出当时华丽开放的审美风尚。这种服饰是中晚唐时期的样式，并一直流传到五代。

（五）清——旗装

满族妇女着"旗装"，梳旗髻，穿"花盆底"旗鞋。主要用于宫廷和王室。旗装以满底印花、绣花和裥等工艺手段作装饰。襟边、领边和袖边均以镶滚绣等为饰。

清代以来，坎肩极为流行。罩穿在氅衣、衬衣或棉袍之外的服装。旗人妇女在坎肩和褂襕的款式及色彩上非常讲究，力求能与穿在里面的旗袍和谐、匹配。

（六）民国——短袄套裙

民国这段时间，女性的服饰特点主要为袄裙，衣服和裙子是分开的，衣服宽袖斜襟，领子高而耸立，带有着清末时期的余味，衣袖虽宽阔但可以显出纤细的手腕。斜襟的设计更是凸显了中国古代的服饰特色。民国时的女生校服，浅蓝上衣、玄色裙子、白色纱袜、圆口布鞋，都带有这一时代特有的印记。

（七）民国——旗袍

民国旗袍在中国妇女服饰史上可谓是服饰史发展的创新时期。这一时期也是中国社会的一个历史转型期。在许多关于老上海风情的文字里，总能看到木地板、老藤椅，即使在盛夏也穿得一丝不苟的长旗袍和尼龙丝袜，这一时期的旗袍彰显着女性自由独立的个性，腰部的逐步收紧也显出女性整体身形的自然曲线美。

服饰是民族文化传承与发展过程中不可或缺的部分，中国传统服饰艺术包罗万象，细腻又充满张力，它描绘出了古代先人世世代代传颂的不朽传奇，在千百年的岁月长河中，以从容自得、独树一帜的艺术风格矗立于中华传统文化中。中国文明何以有今天，答案不仅仅在传统服饰当中，更是在于穿上这服饰的每一代中国人，在于穿上这服饰的每一个中国人。传统服饰文化本身就是中华文明的博物馆，它兼容并蓄，转化发展，为中华文明留下了华彩篇章。我们不应让传统服饰文化仅停留在文献中、文物上的一个记载，而是应该去追溯礼乐文明的悠久源头，去了解过去服装的文化内涵，把几千年服饰文化继续应用在现代场合，将过去和现在甚至是将来连接起来，去揭开华美衣裳的服饰密码，把看似厚重枯燥的历史用年轻的充满时代感的方式翻译给所有人。

第二节　食：老饕的愿景，吃遍中华大地

中国传统的社会生活方式是建立在以农业生产为基础之上的，而农业生产是必须要顺应日夜更替、季节变化、秋收冬藏的自然变化规律的。因此，我国农业社会的生活方式是顺应自然变化的生活感知，是符合"天之道"的一种生活方式。其中，中国传统的饮食生活及由此形成的传统饮食观无不是建立在此背景之下的。而且，人类的饮食活动与人类群体，特别是一个族群的繁衍昌盛息息相关。

中国自古就有"夫礼之初，始于饮食"的文化阐述，从朴素的自然层

面表达了对人类文明历史进程发展的认知。尽管也有学者据此断言"中国文明，始于饮食"的论点失之偏颇，但又不能完全否认人类文明的发生和发展是从满足和追求饮食需求开始的实际情形。

我国是一个有着悠久文明发展历史的国家，而开启这个悠久文明历程的是从满足中华民族种群的饮食开始的。原始人类劳动的目的首先是基于食物果腹、满足生命延续的需求。由于饮食需求是人类与生俱来的第一需求，生命的延续、族群的繁衍、人类的发展都必须有饮食作为前提才能够实现。

众所周知，中华民族作为世界上人数最多的族群，发展到现在，在追求饮食文明方面积累了丰富的经验，拥有底蕴深厚、丰富多彩的饮食文化。美味的肉食、甜美的水果、嫩脆的蔬菜及包子、馒头、饺子、面条、点心、小吃……形形色色的节日食品，琳琅满目的礼俗美食，千姿百态的宴席佳肴，让人回味的酒品茶饮……

中国传统饮食文化，是中华民族在数千年来与大自然的共生共存中感知和积累起来的生活方式，以顺应自然、适应季节变化为其坐标，并由此形成阴阳平衡，达到饮食中和的目的。其显著特征大致有如下几点。

首先，"天人合一"，不违时序。自长期对大自然的体悟中，古人深刻认识到，人和大自然是一体的，自然是人类社会不可分割的一部分，所以顺应自然、不违时序最为重要。古人在这方面的言论太多，以孔子的"不时不食"最具代表性。孔子的意思是，未成熟的食物不能食用及不到饭时不要进食。因为大多植物的果实不完全成熟时，含有许多对人体有害的成分，对人体健康不利就不符合饮食养生之道。同时，当人体不需要食物，或者说没有饥饿感的时候，多进食的食物就会造成能量的过剩，进而导致疾病的发生。所以《吕氏春秋·季春纪》有"食能以时，身必无灾"的论断，这也可以说是对"不时不食"的最好诠释。

其次，尊重本味，讲究调和。所谓"本味"，就是食物天然的味道，中国传统饮食文化认为，食物的本味具有最养生、最本真、最自然的属性。简而言之，就是什么季节就有什么样的食物，什么样的食物就有与之相符的味道。所以，饮食之道首先要尊重本味，突出本味。由于烹饪技术的进步。有的食物需要调味，也是自然而然的事情，但要遵循"五味调和"的原则。这里的"和"是中庸、平衡、平和的意思。饮食平衡讲究不偏不倚、不偏锋、不猎奇、不刺激，否则就违背了饮食养生的基本原则，久之就会产生问题。

最后，食医合一，饮食养生。古人对传统饮食文化的认知是"医食同源"。其实，合理的、平衡的、不违时的饮食习惯会起到少得病或不得病的效果，而根据食物属性进行合理搭配的饮食一般情况下还能够起到养生的作用。甚至，古人认为，饮食是最好的医生。如果人体有了疾病，应该先以饮食治疗为上，饮食不愈，再进行药物治疗。药王孙思邈说："为医者，当须先洞晓病源，知其所犯，以食治之。食疗不愈，然后命药"。因此，可以说中国传统的饮食方式是以养生为前提的生活模式。

中国的农耕文明自"神农氏尝百草"开始，到晚清封建社会的结束，数千年的发展历程，蕴含着深厚的文化积累。悠久的华夏农耕文明，养育了现在世界上人数最多的民族群体，这本身就是一个丰功伟绩，而其中所蕴藏的优秀的文化基因与珍贵的文化遗产，是我们今天应该学习和传承的。

中华民族在长期与大自然和谐相处的过程中，不断地发现和丰富着自己的食物种类，逐渐地总结了许多关于饮食的经验，并成为华夏民族传统的饮食观念。在这些传统观念的影响下，聪明的中国人还创造发明了种类繁多的烹饪技法，并由此形成丰富多彩的饮食品类和多姿多彩的特色食品。中国传统的饮食思想和饮食观念的形成，主要来源于人们对大自然的感知、感觉。在此基础上诞生以与大自然和谐相处为原则的饮食理念，包括"五谷为养""天人合一""饮食养生""阴阳平衡"等。我国传统的烹饪技法也是在人们不断发现与经验总结的基础上逐渐完成的，如传统的炙法、脍法与羹食等。先秦时期的"八珍"，即天子、贵族的饮食品类，在今天我们看来也许并没有什么饮食审美可言，但放在2000多年前，可称得上是最美味的食物。

我国是一个幅员辽阔的国家，各地区的地理环境和物产资源有着很大的差别，这是各地人民的饮食品种和口味习惯各不相同的先决条件，如"南米北面"的饮食特点，古已有之。晋人张华《博物志》载："东南之人食水产，西北之人食陆畜。食水产者，龟蛤螺蚌以为珍味，不觉其腥臊也；食陆畜者，狸兔鼠雀以为珍味，不觉其膻也。"物产决定了人们的食性，而长期对某些独特口味的追求渐渐地变成难以改变的习性，最终成为饮食习惯中的重要组成部分。所谓"南甜北咸，东辣西酸"地域性群体口味的形成，也是顺理成章的事情。正因为如此，中国饮食风味才形成丰富多样、特色各异的风味流派。其中，最有代表性的就是各具特色的地方风味菜肴体系。

饮食器具是广大平民百姓日常饮食活动必不可少的基本用品，它是中华民族饮食文化中极其重要且又极富民族文化特色的组成部分。饮食器具的变化与发展体现了中华传统饮食文化的历史变迁。它不仅是中国传统饮食文化最重要的组成部分之一，而且还承载着中华民族独特的饮食文化思想和生活审美情趣。新石器时期出现的早期原始炊食器，到后来陶器、青铜器、铁器、瓷器、金银、竹木等不同材料的饮食器具，充分展示中国饮食器具的发展经历一个由萌芽到成熟、由简单到复杂、由粗犷到精致的漫长过程。可以说，饮食器具是中国传统饮食文化发展的物质基础，也是华夏民族饮食文明进程的历史写照。

虽然人类的饮食活动最原始的目的是维持生存，但随着人类文明的进步和经济的发展，以饮食活动为中心积累起来的礼仪、礼节、礼俗及后来皇室的饮食礼乐等，几乎渗透古代社会的各个方面。实际上，在中华传统文化的海洋里，我们最应该知道的是传统饮食文化，包括饮食礼仪习俗。诸如：我们今天为什么普遍遵循一日三餐的饮食习俗，而不是其他；我们今天的宴席是从什么时候开始的；古代的宴席都有哪些礼仪讲究；等等。

在我国，几乎所有的传统节日都有一种或几种标志性的特色食品，像饺子、年糕、春饼、元宵、麻花、馓子、粽子、月饼、重阳糕、腊八粥等。节日食品是丰富多彩的，它常常将丰富的营养成分、赏心悦目的艺术形式和深厚的文化内涵巧妙地结合起来，成为比较典型的节日饮食文化。

一、外国人眼中的特色美食集锦

中国有五十六个民族、八大公认菜系，还有不计其数的烹饪风格。也正因为如此，中国人最爱食物的名单或许比一根精心制作的拉面还长。

（一）街头烤串儿

在中国，最令人难忘的餐点不在米其林星级餐厅里，而在街边小摊上。在北京簋街、上海云南南路、南京明瓦廊这样的地方，可以品尝到各种各样的新鲜烤串儿，见证美食的终极奥义。

孜然羊肉串、五香铁板大鱿鱼、超大串的香辣鸡翅、炭烤生蚝、炸里脊及让人眼花缭乱的烤蔬菜卷，应有尽有。享受每一口绝顶美味时，体会中国独有的街头喧闹气氛。

（二）麻辣小龙虾

小龙虾在近十年中席卷了中国大江南北。大小城市的居民都为了这种甲壳类动物疯狂。小龙虾加上辣椒和大量调料，放在肉汤中文火慢炖，然后再捞出来食用。

从春天到初秋，对许多人来说，晚上出去吃一顿小龙虾已经成为一种生活习惯。一帮帮朋友找到一个拥挤的摊位，坐在塑料小板凳上，点上一两盆鲜红火辣的小龙虾。吃时不用筷子，手口并用，汤汁横流。

用什么来搭配这种鲜香麻辣的小龙虾呢？当然是冰爽的中国啤酒了——青岛、燕京、雪花等，因城市不同而不同。

（三）铜火锅

在国外，辛辣的四川火锅和滋补的潮汕火锅非常出名。但在中国，实惠丰盛的铜火锅同样大受欢迎，尤其是在北方寒冷的冬天。

传统的铜火锅具有很强的观赏性，铜质的容器中间有一个高高的烟囱，让底下燃烧的炭释放热量，而铜锅里滚着鲜美的肉汤。铜火锅汆烫各式各样的肉类、海鲜和蔬菜，但最受欢迎的还是那一盘一盘又一盘薄如蝉翼的羊肉片。

（四）桂林米粉

都说桂林山水甲天下，桂林米粉也毫不逊色，一碗碗撒满干豆角、花生、竹笋和小葱的爽口米粉让人欲罢不能。在桂林及周边地区，米粉摊遍地都是。当地人喜欢把口感丝滑的米粉和调料放在酸辣的卤水中，或是放进牛肉汤中品尝融合后加倍的美味，当然，米粉中还可以加入不同的肉，最受欢迎的就是牛肉片和牛肚了。

（五）兰州拉面

兰州拉面是中国的招牌清真食品，它来自中国西北。每碗拉面既是一种手工艺品，又能让人饱餐一顿。令人敬畏的拉面师傅通常在简易的开放式厨房里反复揉捏、捶打、折叠、拉扯着面团，然后将面团神奇地拉扯成跟头发丝一样的面条，这个过程甚至比大部分人点餐还快。

一碗传统的拉面会配上牛肉汤、牛肉片、小葱和香菜。

另外一种受人欢迎的面食是刀削面。做刀削面的时候，厨师手拿面团，用令人瞠目结舌的速度将一根根面条削进锅中的沸汤里。

（六）臭豆腐

炸、炖、蒸、烤，不管用哪种方式烹饪，臭豆腐都很美味。臭豆腐与奶酪有点类似，有的人需要慢慢培养才会喜欢上它，或者要长大以后才能充分体会这种美味。不同地区的配方各不相同，但基本的方法都是让豆腐在特殊的盐水里发酵，然后进行油炸。臭豆腐可以搭配辣椒酱、酱油、香油或朝族泡菜吃。虽然臭豆腐其貌不扬、气味刺鼻，但它外酥里嫩的口感很好。

（七）大闸蟹

秋天不吃上一只肥美的清蒸大闸蟹，就不算完美。这种灰壳淡水蟹在长江水系产量最大，每到9月份和10月份，它们就会挥舞着毛茸茸的大爪子出现在家庭厨房、高级餐厅和豪华饭店里。

人们从水产市场把它带回家，吐沙清洗后，便伴着葱姜送进了锅，蒸（煮）熟的螃蟹肉质鲜甜甘美，让人欲罢不能。

特色餐厅用这种季节性美食创造出了昂贵的蟹宴，特色菜品可能有炒蟹黄、蟹黄豆腐、清蒸蟹肉丸、蟹肉饺子，以及其他创意菜式。

搭配清蒸大闸蟹的传统饮品是温热的黄酒。

（八）水煮牛蛙

在中国，牛蛙是一道美食。

各个地区用各种各样的方法来烹饪牛蛙，其中水煮是尤其受欢迎，这种方法来自川菜。

水煮牛蛙的做法是把提前炸好的牛蛙肉与辣椒、花椒等重口味调料放入热油中快速爆炒，出锅时点缀些新鲜香菜。端上桌的时候，碗里的油通常还在冒泡。

一群人聚会的时候，它可是一道抢手菜，搭配上米饭吃真是再合适不过了。

中华美食甲天下这句话绝对不是浪得虚名。

二、食疗养生，具有当代价值

吃遍了中华大江南北的酸甜苦辣咸，接下来咱们说说清淡的"养生"。

中国美食文化与医疗保健有密切联系，以"五谷"养"六脏"，重视人体的养生保健。在几千年前就有"医食同源"和"药膳同工"的说法，利用食物原料的药用价值，做成各种美味佳肴，达到对某些疾病防治的目的。如今，药膳也具有很大的现实价值，其优点主要体现在以下三方面。

其一，与药物治疗相比，食疗较为安全，毒副作用小。其二，相对高额的医疗费用来说，食疗价格低廉，让人们在用餐中即可达到调理的目的。其三，食疗避免了吃药的"苦味"，让人们在享受美食的过程中即可祛除疾病。在品尝美食的同时，又能调理身体，是一件一举两得的事情。

许多年轻人经常利用食疗减肥、调理，食疗渐渐发展成为一种时代潮流。坚持中华传统美食文化，推广食疗养生，让传统美食充分展现价值。

中国传统膳食讲究营养均衡，早就提出了"五谷宜为养，失豆则不良；五畜适为宜，过则害非浅；五菜常为充，新鲜绿红黄；五果当为助，力求少而数"的膳食原则。

毕竟"是药三分毒"，所以具有养生意识的人们更趋向于天然、无公害的食疗治疗与保养。随着人们越来越讲究养生之道，很多适合养生的食品与食谱也被推广，常见的有养生杂粮粉、杂粮粥、药膳等。

传统膳食结构是最合理的，食疗养生一定要追溯到中国传统膳食。随着饮食结构与方式逐渐西化，传统的膳食结构被逐渐遗忘、淡化，很多人出现"三高"等情况，这使得回归传统膳食成为当今时代的必然选择。

民以食为天，美食作为一种人类生活不可或缺的物质，参与和推动着人类历史发展的进程，并且承载着各个民族与国家独特的文化。中华美食自古以来以南北为界，具有鲜明的民族风格和民族特色。

据调查，大约93%的人对传统美食文化有一种特别的需求。究其原因，回答大概有两种，一是满足味蕾，二是追随传统记忆。随着国家经济发展，经济水平提高，人们物质上有了积余。人们不再只满足于温饱，而是开始关注食物的味道，追求生活质量与精神的双重满足。

旅游成为人们休闲活动的大趋势，成为人们度过假期的首选。每去一个地方、观赏一份风景、了解一种文化、品味一份美食，成为人们对假期的期待。在这些期待之中，美食无疑是重中之重。因为美食不仅可以满足味蕾，更可以从美食中了解当地传统文化、地域风情与民风民俗。

电视节目《舌尖上的中国》取得高收视率就是民众需求的最好展现。这一节目将传统文化以一种简练、通俗、温和的手法进行阐释，唤起人们对美食的记忆，让现代人重新回归到传统美食。在人们眼中，传统美食不再只是一种食品，而是一种记忆，是传统文化的一种生动表现形式。

第三节 "筑"：城市印象

在人类社会的发展进程中，建筑与文化是密不可分的。建筑以其独有的艺术形式，表现了人类文化在各个历史阶段的水平，以及对未来的理想、追求和向往。可以说，建筑已成为人类改天换地、征服自然的一种物质手段，成为人类文明的一个重要组成部分。

建筑在表现它挺拔、高大、美丽外表的同时，也传达了一种时代的特色，印证了时代前进的步伐，展示了不同的建筑造型风格。每个时期的建筑都有其各自的特点，如庭院围合式的古代建筑、造型美观大方的近代建筑、错落有致的现代建筑等，均与当时的文化发展息息相关。可以说，传统文化的发展，带动了建筑风格朝着新颖、别致、实用、追求空间体量感等方面发展。建筑与文化是不可分割的统一体，它们之间是相互作用、相互影响的，共同促进建筑与文化向着和谐统一的方向发展。

从古至今，建筑就与文化有机地结合在一起。例如，古代最普通的建筑——民居，亦是与当时的民间艺术、绘画、书法等传统文化紧密地联系在一起，从民居的建筑造型特点和外观雕刻的细节，无不体现了当时社会的文化底蕴，折射出那个时代的气息和特有的内涵。在不同时期、不同地域、不同文化的发展进程中，建筑与文化的完美结合，充分展示了建筑的创造性与文化的价值性，从而使建筑与文化得以在当今社会绽放出更加绚丽的色彩。

一、古都城建筑与文化

建筑在其漫长的发展历程中，造型特点及建造的技巧并不是一成不变的，从远古时期的穴居、树居，慢慢发展成具有一定血缘关系的氏族部落。随着生产力的不断发展，渐渐形成具有一定交换职能的"市"，并由一些简单、单一的建筑，逐渐发展成具有一定规模的建筑群体系。在中国建筑数千年的发展史中，传统文化以它强大的知识底蕴，不断推动着建筑的蓬勃发展，使建筑的发展进入一个崭新的阶段。

中国古代建筑深受封建文化思想的影响，皇室的宫殿、城楼、城墙、陵墓等，均成为中国古建筑的标志。社会各阶层的建筑，依据其社会地位和等级，纷纷效仿皇室建筑。在早期建筑造型和建筑的布局中，就充分体现了这样一种严谨、规矩、等级的规划布局理念，这正好与当时社会复杂的封建礼制思想、等级划分、中央集权、君臣礼法等制度相吻合。这种制度使当时的古代建筑风格大体一致。在布置建筑时，要强调建筑的庄重、对称、中轴线、等级的划分等等，这些都无疑体现了古代中国的文化和由此产生的建造思想，刻下了封建时代的烙印。

二、民居建筑与文化

（一）皇城脚下四合院

作为历史悠久的古城和元明清三代首都，北京城有着清晰的分区和成熟的城市布局结构，北京城在明代基本形成"品"字形的整体平面形式。而北京城内则被正南、正北、正东、正西的道路分隔成棋盘式的布局。

北京的四合院如同规划整齐的北京城一样，四四方方。北京城有内城、外城之分。在清代只有皇帝、王公大臣及满人才可以居住在内城，普通的汉人则居住于外城。

四合院的建筑形式是四面围合而成的院子，最简单的四合院由坐北的正房、东西的厢房、南面的倒座房组成，大门设在东南角。这样的基本院落称为一进；如果再扩建的话，就在倒座房与东西厢房间砌墙分为两院，再用中间门相通，这种院落称之为二进；若再在正房后添建一排后罩房形成后院，就形成三进院；依次类推。随着四合院规模的不断扩大，进数也就越来越多。像四合院这种建筑设计和造型体系，充分体现了北京四合院的通透感和层次感，使在欣赏古建筑的同时，也领略了当时丰富的文化底蕴。

北京的四合院还反映了当时社会严格的等级观念，这种等级观念渗透日常生活的各个方面，例如，北京四合院的大门最能体现等级制度。几乎各个朝代都对建筑中的大门做了严格地规定：只有王府和有品级的官员府的正门，可以从三扇到五扇不等，而一般民宅的大门，只能有一扇。在大门上设置的门钉，也是王侯、官僚特权的象征，而且门钉的数目也有着极其严格的规定。

四合院不单是一种居住形式，其中更包含着深远的中华传统文化。四合院建筑的四个边、四个角，正合阴阳八卦中的方位，所以四合院中的"四合"二字，寓意着天圆地方的中国传统观念，而四面朝向不同的房屋围合而成的院落，也充分体现出封建宗法观念封闭建筑的特点。

（二）风格淡雅皖南民居

皖南地区的民居具有多种合院的形式，而且由于南方气候温热而湿润，因而与北方的合院式建筑风格有着很大的不同。总的来说，皖南的建筑大都风格淡雅，因为其所处的环境十分优美，而且四季变化没有北方明显，自然也就无须人工雕刻的彩绘图案来装点建筑的外观。由于皖南的夏天尤其闷热，因此南方的合院建筑形式主要以天井式合院的形式为主。这种合院的面积较小，而且四面屋顶大多相连，只在院子中部留有一小块开敞的空间。然而，各地的天井式合院也都不尽相同，而是根据各地环境的不同，具有鲜明的地区特色。

皖南地区的民居占地面积一般不大，但小巧精致，内部多植有花草，风格典雅，最富有特色的是形态各异的外轮廓及马头墙。

皖南民居建筑大都是楼房，其平面是按纵轴对称布置，以三合院为基本形式。三合院是最简单的合院，也就是正房为三开间的二层小楼，左右带厢房的称"一明两暗"式，不带厢房的称"明三间"。出于安全的考虑，皖南民居建筑的四周都围以高墙，且墙面高于屋顶，因此正房前就形成一个深而扁长的天井。在其建筑形式中，每个院落都设正堂，且后面的院落都要比前院高出一些，这种设计在皖南地区也有着深刻的文化内涵：其寓意为"步步高升"，同时，在风水学上又称之为"前低后高，子孙英豪"。皖南合院的厢房也使用单面屋顶，但其主房采用双面坡屋顶，厢房屋顶与正房呈45度角相连，都向院内倾斜，下雨时雨水顺着屋顶流向院中，这被当地人称之为"四水归堂"，有聚财之意，喻示着家中生意兴旺，财源滚滚。

皖南地区在中国几千年的传统文化发展历程中，其文化理念已经慢慢融入当地民居建筑中，使得皖南民居渗透着深刻的传统文化的烙印。建筑的整体风格简约大方，在青山绿水的环绕下，粉墙黛瓦的建筑错落分布，犹如一幅中国传统的水墨画。清新素雅、简约大方的民居建筑，风光秀丽、山水宜人的地域风光，质朴传统、底蕴深厚的当地文化，构建出皖南地域的特有建筑与传统文化的和谐统一。

（三）人杰地灵江南水乡

说起中国的南方，人们首先想到的是传说中的江南水乡。而一提到江南，大多数人也立即会联想到"小桥流水人家"的诗意美景。同高度发达的经济水平一样，人杰地灵的江南人才辈出，有很深的文化底蕴。由于江南地区所独有的特点，也便造就了当地特有的居住形式。虽则也采用合院的形式，但因为地处水乡，因此其形式最为独特，真所谓是"合院处处有，此处最不同"。

江南地区的民居不仅建筑本身以粉墙黛瓦装饰，风格清新，连木构架及住宅内的门、窗等所有木质设施，都涂有栗褐色或褐黑色的油饰，以素雅、清幽的风格为主，与团簇在建筑周围的植物和碧水蓝天交相辉映，别有一番江南宅院的特色。

江南民居建筑外部最大的特点是，住宅四周高墙封闭所形成的各式各样的马头墙。同样是出于保护宅院安全和防火的目的，江南民居建筑四周的围墙，也大多要高出屋顶，围墙顶部不再是平直的，而是充满了变化。在江南水乡，无论是站在屋宇间的巷道里，还是从远处眺望村庄，均可见这些流动的线条，层层叠叠的建筑与造型各异的马头墙配合，散发出传统水乡疏密有致、变化无穷的气韵。

江南最具特色的风景就数苏州的四大园林，是江南传统文化的一种延续。四大园林分为：拙政园、狮子林、网师园、沧浪亭。每个园林都有其各自的特点，渗透着深厚的当地历史传统文化。在园林中布置古建筑的时候，建筑师着重体现了建筑与周围的风景、园林小品、小桥流水等景观要自然而贴切地融合。弯曲幽静的林园小路、美丽和谐的自然风光、古朴醇厚的建筑形式、韵律清新的江南文化，共同为江南这块富饶的土地，谱写了一首建筑与传统文化融合的交响曲。

（四）历史悠久金马碧鸡坊

"春城"昆明是一个历史悠久的城市，远在3000年前的旧石器时代，就已有人类居住的足迹。随着岁月的流逝、历史的发展、时代的变迁，昆明留下了许多文物古迹和人文景观，其中金马碧鸡坊就是著名一景，被誉为昆明的象征。

金马碧鸡坊位于昆明市中轴线的三市街与金碧路交叉口,高12米,宽18米,具有昆明民俗的特色。此坊始建于明代,曾两次毁于战火,最后一次于清朝光绪年间重建。坊为木质结构,高大挺拔、跨街屹立、雕檐彩绘、金碧辉煌、雄伟壮丽。东坊临金马山,名为金马坊;西坊靠碧鸡山,得名碧鸡坊,南与建于南诏的东西寺塔相映;北与纪念赛典赤的"忠爱坊"相配,合称"品字三坊",成为昆明闹市胜景,显露了昆明古老的文明。

金马碧鸡坊的独特之处在于某个特定的时候,会出现"金碧交辉"的奇景。有那么一天,在太阳将落还未落之时,金色的余晖从西边照射到碧鸡坊,它的倒影投到东边的街面上;此时此刻,月亮则刚刚从东方升起,银色的光芒照射到金马坊上,将它的倒影投射到西边的街面上;两个牌坊的影子,渐移渐近,终于互相交接,这就是"金碧交辉"。相传,清朝道光年间某年,中秋之日恰逢秋分,晴空一碧,万里无云。傍晚,许多市民在三市街口等待,等到那个时刻,果真两坊影子相见于街面,不一会儿靠拢相交,至此,日落月升,交辉奇景渐渐消失。

据说,由于地球、月亮、太阳运转的角度关系,这样的奇景要60年才能出现一次。而这种奇景的设计,反映了古代云南人将数学、天文学和建筑学有机地结合在一起的高度智慧,是"春城"昆明宝贵的历史文化遗产。

三、传统与建筑之美

中国的建筑与文化是形影相伴、时时相随的。在漫漫发展的数千个春夏秋冬历程里,其建筑模式和建筑体系都有了大幅度的提升,无论是在建筑的外观还是在建筑物的内部空间上,都有了较大的飞跃。以建筑布局来看,从古代的庭院式到围合式再到半围合式,日渐发展为今天布局灵活多样的各式建筑物。建筑水平日新月异的今天,与中华民族深厚的文化底蕴是密不可分的。可以说,建筑的发展是建立在传统文化基础上的。中华传统文化是建筑的基石,是建筑的灵魂,是建筑永葆青春的源泉。没有传统文化的建筑就只是一个躯壳,失去了它的内在价值,同样也就失去了我们认知历史文化发展的一个见证。历史在发展，文化在发展，建筑也同样在发展。每一个时期的建筑，都能直观地反映那个时代的文化背景、知识底蕴，对我们探究其发展起到了参考观摩的作用。就拿中国古代民居来说，建筑外部绘有美丽的图案、精致的彩绘、雕刻精美的门雕，单从这些单体建筑的外部细节上，就能推断出当时所处的时期、人们的文化程度、民间艺术的发展阶段等。由此可见，建筑是一种可向人们传达文化的"载体"。

上下五千年的历史，伟大的中华民族创造了不朽的文化，当时的先进思想影响至今。建筑以其特殊的艺术形态保留了中华传统文化的精华，它在向人们无声地展现美，传达独有的文化气息，它是传统文化的瑰宝，无一处不让我们由衷地欣慰。然而，随着时代的发展，生产力的逐步提高，人们的建筑水平已经达到了一个新的高峰。昔日的古代建筑似乎已经失去了它的色彩，渐渐退出了历史舞台，取而代之的是当代钢筋混凝土的高大建筑物。不能否认，建筑处于日新月异地发展中，但我们在领略现代建筑雄伟、壮观、绮丽的同时，是否曾联想到那些正在"濒临灭绝"的中华民族建筑之魂的古建筑？我们能否为那些富有文化色彩、古色古香的建筑做些什么呢？这些都是身处这一时代的我们应该认真思考的。现代的建筑特点是：一味地追求建筑的高大林立，造型风格的新颖、别致，但却忽视了与传统文化的有机联系，那么，怎样才能更好地弘扬中华民族的文化？更好地汲取中华传统文化的精髓呢？中国古代建筑反映的是历代文化的内涵及其深厚的哲学思想；而当代建筑，通常体现的是一个时代飞速发展的标志。如今，历史的车轮已步入21世纪，随着我国建设步伐的加快、综合实力的增强、农村现代化建设的崛起、交通网络的逐步扩大完善，各类大中小型城镇亦在规划建设之中。在这一发展新时期，我们应该努力寻求一条将中华传统文化与现代建筑相结合的创作道路。首先，应对建筑风格比较典型、完整的古建筑群，设立特殊保护区域，对其进行修复、加固和保护；其次，在规划建设现代建筑体系时，应充分了解当地的环境、气候、民族、风俗习惯、古建筑特点等情况，从中寻找传统文化的内涵，获得创作的灵感和题材，建造出既是传统的、民族的，又是现代的建筑物，从而实现建筑与传统文化的和谐统一。

四、中国最美十大古城

（一）徽州古城

徽州古城，又名歙县古城，古称新安郡。位于安徽黄山市歙县徽城镇，总占地面积24.7平方公里。古城始建于秦朝，自唐代以来，一直是徽郡、州、府治所在地，故县治与府治同在一座城内，形成城套城的独特风格。徽州古城是中国三大地方学派之一的"徽学"发祥地，被誉为"东南邹鲁、礼仪之邦"。

徽州古城分内城、外廓，有东西南北4个门。此外还保留着瓮城、城门、古街、古巷等。城内景区包含徽园、渔梁坝、许国石坊、斗山街、陶行知纪念馆、新安碑园、太白楼等七处。覆盖了新安理学、徽派朴学、新安医学、新安画派、徽派版画、徽派篆刻、徽剧、徽商、徽派建筑、徽州"四雕"、徽菜、徽州茶道、徽州方言等徽州文化。

徽州古城是保存完好的中国四大古城之一，1986年，被国务院列为国家历史文化名城，2014年，被列入国家5A级景区古徽州文化旅游区的组成部分。

（二）阆中古城

阆（làng）中古城，是国家5A级旅游景区，千年古县，中国春节文化之乡，中国四大古城之一。位于四川盆地东北缘、嘉陵江中游，景区总面积达4.59平方公里，古城核心区域2平方公里。截至2015年，古城已有2300多年的建城历史，为古代巴国蜀国军事重镇。

阆中古城有张飞庙、永安寺、五龙庙、滕王阁、观音寺、巴巴寺、大佛寺、川北道贡院等8处全国重点文物保护单位；有邵家湾墓群、文笔塔、石室观摩崖造像、雷神洞摩崖造像、牛王洞摩崖造像、红四方面军总政治部旧址、华光楼等22处省级文物保护单位。

古城自然景观奇秀多姿，独具特色，"石黛碧玉相因依"的嘉陵江环绕阆中古城，四周青山拥抱，一幅"三面江光抱城郭，四围山势锁烟霞"的水墨丹青，浑然天成。阆中古城三面环水，一面傍山，人杰地灵，素有"阆苑仙境"的美誉。

（三）平遥古城

平遥古城位于山西省中部平遥县内，始建于西周宣王时期（公元前827年—公元前782年）。山西平遥被称为"保存最为完好的四大古城"之一，也是中国仅有的以整座古城申报世界文化遗产获得成功的两座古城市之一。平遥古城是中国汉民族城市在明清时期的杰出范例，在中国历史的发展中，为人们展示了一幅非同寻常的汉族文化、社会、经济及宗教发展的完整画卷。

平遥旧称古陶，明朝初年，为防御外族南扰，始建城墙。洪武三年（公元1370年）在旧墙垣基础上重筑扩修，并全面包砖。以后景泰、正德、嘉靖、隆庆和万历各代进行过十次的补修和修葺，更新城楼，增设敌台。康熙四十三年（1704年）因皇帝西巡路经平遥，而筑了四面大城楼，使城池更加壮观。平遥城墙总周长6163米，墙高约12米，把面积约2.25平方公里的平遥县城一隔为两个风格迥异的世界。城墙以内街道、铺面、市楼保留明清形制，城墙以外称新城。这是一座古代与现代建筑各成一体、交相辉映、令人遐思不已的佳地。

2009年，平遥古城被世界纪录协会评为中国现存最完整的古代县城。

2015年7月13日，平遥古城成为国家5A级旅游景点。

（四）丽江古城

丽江古城位于云南省丽江市古城区，又名大研镇，坐落在丽江坝中部，始建于宋末元初（公元13世纪后期），地处云贵高原，面积为7.279平方公里。

丽江古城内的街道依山傍水修建，以红色角砾岩铺就，有四方街、木府、五凤楼、黑龙潭、文昌宫、王丕震纪念馆、雪山书院、王家庄基督教堂、方国瑜故居、白马龙潭寺、顾彼得旧居、净莲寺、普贤寺、接风楼、十月文学馆、红军长征过丽江指挥部纪念馆、丽江古城历史文化展示馆、丽江古城徐霞客纪念馆等景点。丽江为第二批被批准的中国历史文化名城之一，是中国以整座古城申报世界文化遗产获得成功的两座古城之一。丽江古城体现了中国古代城市建设的成就，是中国民居中具有鲜明特色和风格的类型之一。

（五）凤凰古城

凤凰古城，位于湖南省湘西土家族苗族自治州的西南部，土地总面积约10平方千米。2010年底约5万人口，由苗族、汉族、土家族等28个民族组成，为典型的少数民族聚居区。

凤凰古城，作为一座国家历史文化名城，首批中国旅游强县，国家4A级景区，湖南省湘西土家族苗族自治州所辖八县市之一。建于清康熙四十三年（1704年）。2001年被授予国家历史文化名城称号，是中国历史文化名城，湖南十大文化遗产之一。曾被新西兰著名作家艾黎（Rewi Alley）称赞为中国最美丽的小城，与云南丽江古城、山西平遥古城媲美，享有"北平遥，南凤凰"之美誉。

（六）镇远古城

镇远古城坐落在贵州省黔东南苗族侗族自治州，位于舞阳河畔，四周皆山。河水蜿蜒，以"S"形穿城而过，北岸为旧府城，南岸为旧卫城，远观颇似太极图。两城池皆为明代所建，现尚存部分城墙和城门。城内外古建筑、传统民居、历史码头数量颇多。

素有"滇楚锁钥、黔东门户"之称。镇远历史悠久，自秦昭王三十年（公元前277年）设县开始至今已有近2300年的历史，其元代、清代为道、府所在地达700多年之久。

2020年1月7日，被文化和旅游部确定为国家5A级旅游景区。

（七）景德镇古城

景德镇古时称浮梁，距离现景德镇市区8公里。浮梁古城建于唐元和十二年（公元817年），全城布局形似八卦，城墙全长20余里，高1.6丈，宽丈许。浮梁古城是江西省内保存较完整的古代县治城郭，古城内有全国唯一的五品古县衙和宋代红塔等有着历史价值和建筑悠久的瓷茶文化历史。

景德镇陶瓷享誉全世界，历史上是官窑之地。民国时期曾与广东佛山、湖北汉口、河南朱仙并称全国四大名镇。

（八）山海关古城

山海关是名冠古今的名胜之地，位于秦皇岛市以东10多公里处。它以长城为主体，以古城为核心，在南起老龙头，北止九门口，全长26公里的长城线上，分布有129座城堡、关隘、敌台、城台、烽火台和墩台，构成了一个完整的长城防御体系。

（九）丰都鬼城

丰都鬼城旧名酆都鬼城，位于重庆市下游丰都县的长江北岸。丰都鬼城又称为"幽都""中国神曲之乡"。鬼城以各种阴曹地府的建筑和造型而著名。鬼城内有哼哈祠、天子殿、奈何桥、黄泉路、望乡台、药王殿等多座表现阴间的建筑。虽阎王判官小鬼只传说虚妄，但其惩恶扬善的社会教化功用又为人所称道。

（十）西昌古城

西昌古城位于四川省西南凉山彝族自治州中部、安宁河沿岸，西昌自古便是祖国西南边陲的一个重镇，自秦汉始，历代政权均在此建立过郡、州、司府，委派过官吏。同时，由于海拔、气温、日照、经纬度等条件好，加之大气中悬浮物质少，空气透明度大，所以月亮光亮圆大，故西昌又有"月城"之美誉。

第四节 行：奇趣话古人出行

"长亭外，古道边，芳草碧连天。"李叔同的《送别》词写在近代，但似乎仍在追怀中世纪的送别意境。我们作为当代人，生活在喧嚣、匆忙的社会上，从现代驻足回望古典诗词中长亭、古道、芳草、斜阳、杨柳、踏歌这些送别意象，会发现生命中应该有这些值得我们敬重的仪式美感。中国古人为了实现自己的事业、理想，不免要去求学、游幕、出仕、从军、经商，由于交通和通信条件落后，前途未卜、生死难知，他们将离家出行视为大事，恪守着古老的礼俗与禁忌，卜日择吉、祀神祭祖、整理行装、郑重话别、行事谨慎、对生活充满敬畏，出行过程表现出庄重的仪式美感。

一、重迁观念与重仪式感

中国古人强烈的守土意识、务农的本业意识、思乡畏途的家乡意识、熟人社会的乡亲意识，在国家编户齐民的政策约束和封建统治的思想引导下，人们头脑中形成安土恋乡的重迁观念。古人宗教形式的卜行择吉和祀行祖道，以及赠别、折柳祝愿等活动具有庄重的仪式美感。

乡是古人安身立命之所，中国古人守土而居，终身所托，耕织务本，由此产生浓浓的乡亲乡情。在家乡住惯了，久而成习，中国古代民众的行旅意识受到历史条件限制，大多数人守家恋乡、安土重迁，轻易不愿移居外乡或出门远行，以致让人以为"安土重迁，黎民之性"（《汉书·元帝纪》）。

随着"迁移农业"向"定耕农业"的过渡，定居的农耕经济就成为中国古代主要的生产生活方式，土地成了社会最基本的生产资料，成为人们安身立命之本。商鞅变法实行土地私有制，土地成为"不动"产，古人只能守护土地，保卫土地，生于斯，长于斯，终老于斯。于是先民油然产生对土地的神性崇敬，各地立社建祠，供奉香火，礼敬土地神癨。受小农经济生活方式的条件限制和敬奉土地的意识形态强化，自耕小农的守土意识十分强烈。

中国封建社会实行重农抑商政策，汉代规定商人不得衣丝乘车，并课以重税以示困辱，末业、游民从政策上受到国家的限制和歧视；隋唐建立科举制度后曾限制工商子弟报名应试，后期虽然开禁，但仍然嘲笑商人"重利轻别离"（白居易《琵琶行》）的生产方式。于是整个国家体制以农为本、以农立国，守土耕织的小农经济成为本业，三十亩地（相当于古代井田制一夫百亩）一头牛、老婆孩子热炕头成为农民的生活理想。

过去有句老话，叫作"出门三里地，便是外乡人"。古代自给的经济方式与自治的乡村治理模式产生"货离乡贵，人离乡贱"的心理效应，再加上"走马行船三分险"的旅途艰难，使人们形成"离家一里，不如家里"的封闭型心理。"好出门不如赖在家"，外面的世界很精彩，但是外面的生活远不如家里舒适。再者，行旅所费时间、人力、物力及成本较居家昂贵，导致人们穷家难舍,裹足不前,不到万不得已不会轻易走出家门、远行他乡。即便出门在外,也以家乡为根,难以摆脱思乡之苦,思乡的情绪总是召唤游子早日踏上回乡之路。

古代中国聚居方式未能彻底打破宗族血缘关系,多数人聚族而居,即便相互之间不沾亲不带故,也是远亲不如近邻,街坊、邻居、乡亲形成中国人在宗亲、姻亲之外的又一层伦理关系,熟人、邻里之间以兄弟、叔伯、爷孙、姑姨等宗亲或姻亲的称呼相称,再加上朋友、故交、相知,形成较为固定的生活圈子,即使生活在异地外乡,也会形成一个类似的熟人环境。每当有人出行,大家便郑重道别与相送。中国古人强烈的守土意识、务农的本业意识、思乡畏途的家乡意识、熟人社会的乡亲意识,在国家编户齐民的政策约束和封建统治的思想引导下,人们头脑中形成安土恋乡的重迁观念。

二、出行的宗教礼仪

早在原始蒙昧时期,人们出于对"旅途不靖"的畏惧和担忧,便开始为出行做一些祈愿仪式;进入文明时代后,形成诸多礼仪性程式与禁忌,以克服由于行旅复杂的主客观条件和不可预测性所造成的畏惧心理,因而带有一定的神秘特色。

(一)卜行择吉

卜行择吉作为正式的礼仪制度和民间习俗,有着非常久远的历史。殷墟甲骨上所刻的文字,反映了殷商时期王公贵族对于未知命运的贞问燎祭。受此影响,古代民间也形成风气,出行之前卜问吉凶的礼俗体现出行旅生活开始时心理准备的庄重和严肃。卜行择吉,即卜问出行活动之吉凶、选择吉日而出行。

在民间卜行择吉风俗中,何时行旅有利,何时不利出行,皇历上都有标明。因而查阅皇历也是一种较为简易的卜行择吉方式,"逢吉方行,遇凶则止",进而形成渗透民间日常生活的一种独具特色的择吉文化和出行"看好儿""择好儿"的习俗。

俗有"日逢三六九,不问出门走""初五、十四、二十三,太上老君不出安""七不出门,八不回家"之说,可见三、六、九乃是吉日,逢七逢八和月忌日(初五、十四、二十三)忌讳出行。

北齐颜之推《颜氏家训·杂艺》云:"拘而多忌,亦无益也。"假如已选定了一个出行的吉日,但临行时发生了不祥的兆头,例如,小孩跌跤、大哭不止,失手打碎茶杯之类,也可延期一日再出行,这也许包含一定心理调适的必要性。不过,"大行不顾细谨,大礼不辞小让"(《史记·项羽本纪》),人们会根据实际情况作以变通。

(二)祀行祖道

上古时代,人类生存环境险恶,征服自然能力低下,离开熟悉的生活环境,走向陌生的地方,不免会感到忧虑不安,泛神论思想在趋利避害的心理需求下自然就有了现实的基础和土壤。先民们通过占卜、选择吉日、祖道祭神仪式的娱神活动,以达到"敬鬼神而远之""惧鬼神而避之"的目的,择吉避凶,祈求行旅平安。

行神崇拜由来已久,影响广泛。行神,又称道神和路神,或祖神,是迷信中专门掌管道路安全的神灵。大约远古时代有启导或护佑行旅的部族首领,后来被尊崇为神,然而其姓名和形迹业已失传。《文选》李善注:"崔寔《四民月令》曰:祖,道神也。黄帝之子,好远游,死道路,故祀以为道神,以求道路之福。"因此,早在先秦时期,不仅在行道之始举行"祀行"(即所谓"祭祀宗庙以告将行")与"祖道"(即所谓祭祀道路之神)以祈求平安的礼仪,而且,临行饯别这一具有深厚传统的行旅习俗早已在民间流行。

作为一种古老的送别礼俗,饯行与祖道原本是一对孪生兄弟,二者相随而行,合称"祖饯"。饯行与祖道以祭祀行神、祈祝行旅平安顺利为动机,孔子说,"祭神如神在"(《论语·八佾》),实际上是否定了神灵存在的真实性,后世也就演变为以会聚亲友、抒发离别感怀之情为主要内容。

三、出行的世俗礼仪

饯行与祖道的风气曾经十分盛行。随着时代的推移，祭神成分渐少而惜别成分渐多，送别仪式上往往省却了筑坛祭祀的烦琐程式，人们主要抒发的已经不再是对神的敬畏之心，而是对出行者的惜别之情，话别、伤离、不舍、激励等元素逐渐注入祖道活动之中，于是，娱神活动逐步演变为娱人活动。

（一）酒壮行色

祭祀路神称"祖"，用酒食送行称"饯"，释酒祭路，饮酒壮行。饯行与祖道的宗教性活动本是用酒的，后世虽然省却了宗教仪式，但酒水的形式却保留下来。人们在设宴饯行时，"劝君更尽一杯酒，西出阳关无故人"（王维的《送元二使安西》），推杯换盏，醉意迷离，心绪茫然；或把酒惜别，唏嘘肠断，将思念牵挂融于酒中，在诗与酒中寻找心灵的慰藉，在把酒吟咏中相互劝勉，相互劝慰，以酒宽心，成为饯行话别场景中一道可观的风景。

（二）馈赠话别

饯行与祖道借助宗教性活动设宴相送，以表达对人的惜别之情，祈福出行者一路平安。随着交通条件的改善，人们越来越看重饯行话别的世俗性内容与礼仪。每遇外出远行，街坊亲友都来看望，邻里乡亲，礼尚往来，送往迎来，人之常情。临别讲究富者赠钱、贫者赠言，以财力相助，以吉言安抚，叮嘱一路谨慎小心，早去早回。

临别时赠送给远行人的礼物，谓之"赆"或"仪"，合称"赆仪"。送别时赠人礼物，则有"赆行""程仪""下程"等不同称呼。送行的礼品，谓之"嗄程"；赠予的礼金，谓之"赆礼"。

在临别时"赠人以言"，常以"作诵""踏歌"的形式实现，有时还要吹笛、抚琴演奏。古人云："赠人以言，重于珠玉。"临别之际相互赠言，比礼物高尚，比送行深邃，比热泪珍贵。行旅之人要向家族长辈道别，向亲戚邻里辞行，请求帮助照顾家中老小。晚辈外出，多要跪别，家中老者则要嘱托所办事项，常叮咛其"出门在外，谨慎行事"。出行者与送行者把臂相送的依依惜别情调代替了祭神时肃穆的神秘气氛，言语间饱含着牵挂与不舍。

（三）折柳祝愿

古人通常将送别的场所选择在城外亭下、河边。因亭下可以宴饮，又因河边常见杨柳，因此古人便以折柳相送以寄托千里相系的离别之情。柳树是中国本土树种，插土即活，生命力极强。因此，古人折柳相送，就是希望远行之人能像随地可活的杨柳一样，很快适应，随遇而安。

河边送别、折柳相赠曾在古代十分盛行，并由此产生了大量的临行送别诗，这为我们考察古代送别习俗提供了宝贵的资料。"年年柳色，灞陵伤别"（李白《忆秦娥·箫声咽》），我们能从中品味出古代出行习俗的生命意蕴、人情意蕴。

我国广阔的文化背景与深厚的民众心理基础成就了中国古代行旅习俗中特别的出行文化现象。古人曾以宗教近乎强迫症的仪式感来敬畏旅途，更以世俗尊重亲人、乡人、友人的仪式感来敬畏生活。如今交通发达，千里之内，当日可达，人们对旅途艰险的畏惧逐渐淡化，旧的禁忌多已被人忘却。我们探讨古人的出行心理与出行方式，可以从中发现那份庄重的仪式美感，感知到人生中更多的情趣与意义。"李白乘舟将欲行，忽闻岸上踏歌声。桃花潭水深千尺，不及汪伦送我情。"如果我们放慢机械无感的脚步，握住出行和送行者的手，在驻足之间让惜别与相送的目光碰撞在一起，我们的生活质量不需花费物质成本也能大幅提高。

四、古人出行轶闻

出行对于交通不便的古人可是件大事。元白朴说"暖日宜乘轿，春风宜试马"。可见，高头大马和八抬大轿是等级森严的古代社会上层人士出行的首选。从"行路难"的慨叹，到"春风得意马蹄疾"的高兴，再到"一骑红尘妃子笑"的奢靡，又或者"廿里长街码头，陆多车轿水多舟"的繁华，古人的出行方式及规格等级可窥一斑。

因为久经战乱，刘邦称帝后居然找不到四匹同色的马，只好坐杂色马车，而宰相只能乘牛车。而且刘邦还首创了"贱商令"，禁止商贾乘车、骑马，到唐朝更是扩大到工商、僧道、贱民。而牛车充当公务车的状况直到东汉光武中兴后才有所缓解，才使马车重新取代牛车。

不过，士大夫即使走路也要遵礼数。《释名》："两脚行曰行，徐行曰步，疾行曰趋，疾趋曰走。"我们今天的跑相当于古人的走，古人跑常说奔。在他人面前趋，表示恭敬。在汉代，明文规定臣在君前要趋。萧何因为是大功臣，因此可以享受入朝不趋的恩典。

秦汉以后，规定皇家的轿改称辇，皇帝的轿称龙辇，皇后的轿称凤辇，一般皇帝所乘为金辇、玉辇，仪制复杂，仗势隆重。唐代画家阎立本《步辇图》上，唐太宗李世民就坐在小辇上，前后各有十名宫女伺候。

受魏晋风骨影响，南北朝时期出现了千奇百怪、种类繁多的官车。魏晋以后，江南牛多马少，豪富之家"精牛车，丽服饰"。宋文帝喜欢乘坐用羊拉的官车，羊力气小，体格羸弱，却在当时被认为是有品位。宋文学家颜延之，喜欢选用老瘦病弱的牛拉着奇形怪状的车游荡于街市之间，以示自己卓尔不群；另一位大将军沈庆之，每逢赶上朝贺，都乘坐一种叫"猪鼻无帷车"的怪车，这些在当时被认为是潇洒的表现。

隋唐时期，政府开始采用骑马制度。唐朝宰相武元衡被刺客暗杀，他的马跑回家，家人才知道武元衡遇害。因为仰慕大唐雄风，北宋沿用了骑马制度，赵匡胤登基之初就明确规定百官骑马。王安石退居金陵后常骑驴代步，有人要送他一顶双人抬的小轿，他竟发怒说，"奈何以人代畜！"

古代轿子有官轿、民轿、暖轿、凉轿、喜轿、魂轿等。官轿又大致分为三种颜色金黄轿顶，明黄轿帷的是皇帝坐轿；枣红色的是高官坐轿；低级官员及取得功名的举人、秀才则乘坐绿色轿子。

南宋时乘轿出行有所兴起，到明朝已经非常流行，官员对于轿子的热衷胜过了坐骑。每逢官员乘轿出行，必先黄土垫地，净水泼街，鸣锣开道，肃静回避。出身贫寒的朱元璋深知百姓疾苦，据《明史》载，有一次，有司奏请，要把他乘坐的轿子装饰一下，需用黄金若干。他说，不必了，用铜就可以。臣下讨他的好，"陛下，即使用纯金，又能费多少。"朱元璋说，"联富有四海，岂吝乎此。"并且，他还严厉禁止官员坐轿，规定只有老人、妇女及三品以上文官经特许才可以坐轿，在京四品以下和在外官员必须骑马，七品以下官员只能骑驴。

不同出行方式其实是官民身份的强烈对比。到了明朝后期，出了一位创造古代"座驾"纪录的大臣，他就是张居正。张居正回家奔丧时乘坐的轿子由三十二个轿夫扛抬，不仅有里外套间的卧室及客室，还有总兵戚继光率领的随侍人员，另外，轿内厨房厕所一应俱全，其豪华奢侈可想而知。

女真部落号称"马背上的民族"，清初，满族人为了保持军队的骑射传统，规定武官一律骑马，不许坐轿。清朝对级别的讲究也是非常严格的，皇家的轿子是明黄色；三品以上大员可乘坐绿呢大轿，以下就只能乘坐蓝呢大轿。官员的轿子是自己花钱置办，轿夫的工资也要由官员自己掏腰包。据说清官于成龙被派到南方做官，穷得连上任的路费都凑不齐，只好把老婆的陪嫁首饰卖掉。

赶考是无数古代读书人都经历过的事，清人龚炜曾作《赴考》一文，描述了他在赶考途中的经历。不仅要忍受天气的炎热，还遭遇了晕船的痛苦，甚至在旅途中生了重病，种种苦顿不一而足，最终只能半途而返。经此一遭，龚炜竟然"绝意名场"，再也不去受这种苦累。所谓"朱门酒肉臭，路有冻死骨"。出行方式折射出封建社会森严的等级制度。如今，政府频频出招公车改革，大幅削减公车开支，也可以看出整顿吏治腐败的决心。政府的"紧箍咒"能否管得住"公车乱象"，我们拭目以待。

第六章 从当代文化看国际汉语教学

第一节 从游戏《三国杀》看传统文化元素的妙用

近年来,随着我国游戏市场的激烈竞争和游戏产品的更新迭代,如何能让产品脱颖而出并迅速占据市场成了游戏产业的普遍难题,开发者试图将传统文化精髓注入游戏产品中的策略得到反复实践。然而,究竟该如何运用好这些文化元素,游戏《三国杀》无疑做出了特色。这款中国原创游戏最初以桌游形式闯入市场,并在以后的两年内促成了我国桌游市场的快速兴起。会产生如此巨大的经济效应的确难能可贵,究其原因是《三国杀》在传统文化元素的运用上做出了其他游戏所没有的特色,值得游戏行业的研究和学习。

一、有关《三国杀》游戏概述

三国这段历史涵盖了群雄割据的历史背景,尔虞我诈的权术谋略及穿插着荡气回肠的爱恨情仇,是脍炙人口的经典,以《三国志》和《三国演义》为蓝本所改编的游戏经典数不胜数。《三国杀》是由中国传媒大学学生设计、北京游卡桌游文化发展有限公司出版发行的一款桌面游戏,在2009年由杭州边锋网络技术有限公司开发成网络游戏。该游戏以西方传统桌游玩法为主,结合三国时期背景,集历史、美学和文学等元素于一身,在注重玩家体验的同时,还未忽视娱乐性、竞技性和教育性。

二、《三国杀》蕴含的传统文化元素

对于经典文本的开发，众多游戏开发商往往过度追逐经济效益而忽视文化效益，甚至不惜以低俗内容改编传统经典来换取人们的关注，他们对内容胡编乱造，大肆虚构文本人物和历史事件，最终破坏了经典文本的真实性、审美性及教育性。《三国杀》的成功之处在于将三国历史与现代游戏有机结合，真正做到"语出有典""引用有据"。

《三国杀》和某些桌游相似的地方是身份定义，例如《斗地主》中就有地主的角色，但在《三国杀》中把这种身份的定义巧妙地和三国故事结合起来，该游戏分为四种身份，即：主公、忠臣、反贼和内奸。这四种身份利用故事所定义的忠奸立场，把他们分成对立两派，忠臣保护主公，同时要把内奸和反贼给清除，反之内奸和反贼则要杀掉忠臣后单挑主公。这些身份由玩家通过随机抽牌获得。这种把玩家角色与历史故事紧密地结合不仅提高了游戏的文化内涵，同时让深受三国文化影响的国人产生亲切感，拉近了玩家和游戏的距离。诸如这样巧妙融汇的案例在该游戏中运用较多。例如：游戏中除了身份系统的设置，还有武将系统，该系统把三国的经典人物都编排进了游戏，并结合该人物的历史故事，设置了该武将的技能。如：故事人物甄姬、夏侯惇、吕布、貂蝉、司马懿等等，这些不同的角色都具有历史渊源的技能。例如：甄姬是三国时期魏文帝曹丕的妻子，其作为三国时期知名的貌美女子，被史书称有倾城之貌，不仅贤淑且受到当时不少男性倾慕，包括曹植。曹植的《洛神赋》也是为悼念她而作。在《三国杀》中，武将甄姬的技能设计为"倾城"和"洛神"，紧扣该人物的历史故事，主要是防守类型。再如：夏侯惇，该角色是陪同曹操出生入死的一员大将，其性格刚烈忠诚，是曹操身边少有的几位陪伴时间久远的重要角色之一。在游戏中，夏侯惇被赋予的武将技能为"刚烈"，其武功威力虽在于强力，但在面对诸如郭嘉、诸葛亮和司马懿等这些谋士角色时，就显得英雄气短，重力打在棉花上，得进行策略地分析方能伤害到敌方，这样的设定与夏侯惇在历史故事中的有勇武但欠谋略的角色特点关联紧密。

除武将外,《三国杀》游戏中还有锦囊牌,其中包括出自《三国演义》原著的"南蛮入侵""桃园结义""过河拆桥""借刀杀人"等。以"铁索连环"为例,出自《三国演义》第四十七回:"(庞)统密谓(鲁)肃:'欲破曹兵,需用火攻。但大江而上,一船着火,余船四散,除非献连环计,教他钉作一处,然后功可成也。'""铁索连环计"是赤壁之战中脍炙人口的情节,此计谋极大挫伤了曹操的北方骑兵,为赤壁之战的胜利及日后三国鼎立的局势打下坚实基础,由于此计谋为庞统所献,所以武将牌中庞统的技能之一就是"连环"。游戏中玩家可以任意选择两位玩家进行"铁索连环",被"连"的玩家将会受到同样的属性伤害,这恰恰体现了游戏故事情节的连贯性和真实性。

除了引用原著,《三国杀》中部分锦囊牌也引用其他传统经典文本,比如"无中生有",出自《老子》:"天下万物生于有,有生于无。"

除了引人入胜的故事情节,英雄形象也是古今中外"三国"系列游戏的重要组成部分。《三国杀》的人物造型皆来源于文本,比如,关羽确如文本所述"身长九尺,髯长二尺;面如重枣,唇若涂脂;丹凤眼,卧蚕眉,相貌堂堂,威风凛凛。"在人物技能方面,《三国杀》更是继承了三国这段璀璨的文化。以鞠躬尽瘁死而后已的武侯诸葛亮来说,他的技能"观星"出自《三国演义》第五十七回:"却说孔明身在荆州,夜观天文,见将星坠地,乃笑曰'周瑜死矣。'"其"空城"出自《三国演义》第九十五回:"时孔明身边别无大将,只有一班文官……吾自有计。""空城计"是三国计谋中家喻户晓的一计,也是诸葛亮的智慧体现,游戏中只要诸葛亮没有手牌,其他玩家的"杀"和"决斗"牌均无效,非常符合诸葛亮摆空城计的意图。除了众人皆知的技能典故,《三国杀》对历史细节与英雄技能的衔接也一丝不苟。曹营第一谋士荀彧对于通晓三国历史的人来说确实熟悉,但对于三国历史只知其一的人来说未免有些陌生。《三国杀》将其技能定为"驱虎",语出《三国演义》第十四回:"(曹)操问荀彧曰:'此计不成,奈何?'(荀)彧曰:'又有一计,名曰驱虎吞狼之计。'""驱虎吞狼"意为令此攻彼,让第三方坐收渔翁之利。游戏中玩家选择其他两名角色释放该技能,使之自相残杀，以达到小范围离间的作用，突出了荀彧的智慧。

三、《三国杀》与人际关系拓展

现代的机械复制技术一方面提升了生产力，另一方面扩大了文化意识形态的影响深度。在后工业社会里，人与人之间的隔阂增加，网络人际圈逐渐扩大，而现实人际圈急剧缩减，人们从由血缘关系为纽带组成的"熟人社会"走向由数字软件为平台的"陌生人社会"，"宅男""宅女"已经不是新词，"走街串巷"已经成为旧语。

以《三国杀》为代表的桌游为喜爱娱乐游戏的群体搭建了一个相互交流的平台，通过线上或线下的互动，突破单向维度人际圈的界限，从而形成原有人际圈之外的新型人际关系网。

从社会学角度来看，"交往"是个体社会化的重要过程，个体只有在交往中才能展现个性和自我。人际交往指个体与个体、个体与群体、群体与群体之间通过信息传播而发生相互依赖性的交往活动。然而在现实生活中，人际交往的功利性及对自身外貌缺陷的自卑在一定程度上阻碍了一部分人的正常交往，出现交往焦虑症状。

《三国杀》不是个人英雄主义的游戏，而是社会交往的游戏。在游戏中，玩家需要不断观察其他玩家的语言、表情和行为，因为除了主公的角色是已知，其他角色均需要玩家自己判断得知，倘若判断不当，很可能错杀队友从而导致全盘皆输。以"内奸"为例，在游戏初期的任务是把自己伪装成"忠臣"，这样才能与其他两位"忠臣"及主公共同歼灭"反贼"，而当"反贼"数量缩减到一定程度时，"内奸"需要及时"倒戈"来维持正反两方势力的平衡。一般来说，"内奸"是整盘游戏中最难、最复杂的角色，他不仅要帮助主公"平反"，还要帮助反贼"除忠"，最后才能向主公单刀赴会。"内奸"身份的存在使得《三国杀》游戏增添了猜疑感和神秘感，玩家需要相互察言观色，三思而后行，此时游戏便成为人际交流的极佳平台。

另一方面，青年人的社会化过程是一个学习角色和道德规范的过程。换句话说，青少年在从学习生涯走向社会生涯的过程中需要循规蹈矩地接受现实社会所赋予的社会角色，正如戈夫曼（Erving Goffman）在《日常生活中的自我呈现》中将整个社会环境比作一个"大舞台"，人们在"舞台"上表演着或真实或虚假的"角色"，从而获得一定社会认可及自我实现。对于我们而言，高节奏的生活步调常常使我们压抑、恐慌甚至出现心理疾病，因为社会所赋予我们的角色并不一定适合自己，并没有舍弃和宣泄的自由。以互联网游戏为代表的新型社会交际方式为忧郁的现代人提供了一个发泄的平台，在虚拟世界中，人们以匿名身份将心中对朋友、对上司或者对社会的不满通通转移到虚拟角色中。在这种背景下，《三国杀》应运而生，桌面游戏将人们的关系圈从几百里外拉近到一张方桌上来，将人们眼前各色各样的屏幕换成真实可触的纸牌，人际关系由此加深。

四、《三国杀》与文化产业

文化产品与一般产品最重要的差别在于其所富含的意识形态属性，正所谓"一千个读者就有一千个哈姆雷特"，文化企业对于传统经典文本的开发和利用不能违背史实和主流意识形态。一些游戏开发商打着"三国"的名义，披着低俗内容的外衣以吸引玩家的眼球，其游戏内容不但偏离原著，还增添了许多荒诞的情节以迎合大众口味，这种对经典的开发方式无疑是"竭泽而渔"。文化产业的根本要义还是社会效益，而非经济效益，以牺牲文化价值换取经济利益的文化企业是不能长久发展的。对此，现代文化行业需要充分开发中华传统文化资源，结合现代信息技术，形成"互联网+文化"的良好局面，使古老的中华文化在现代科技环境中得到重生。

第二节　抖音：沟通中外文化交流的友谊桥

抖音是今日头条旗下一款以年轻人为中心的音乐创意类短视频App，其海外版本是TikTok。用户可以自己选择音乐拍摄15秒的视频，即拍即发，不受时空限制。当下，抖音平台类似于网络虚拟空间下的狂欢广场，形成全民狂欢的媒介奇观。

一、抖音里的中国民俗奇观

抖音里充斥着大量的中国民俗奇观。中华民族的民俗文化是中华文化的重要组成部分。抖音的出现为民俗文化的发展与传播提供了新思路。以2019年春节为例，用户在抖音发布当地的过年习俗，使大众了解了各地年俗文化的差异。抖音还上线了"拉春联"特效，在拍摄视频时屏幕上会出现各种春联供用户选择，增强了年味。抖音唤醒了海内外华人关于春节的集体感受。同时，抖音使很多原本缺乏关注的民族风俗变得广为人知，如西安摔碗酒、皋兰铁芯子等，为这些风俗的传承起到了推动作用，有助于增强人们的民族归属感与认同感。

抖音中的中国式语言奇观是民族性文化特征的表现形式之一。一是方言奇观。在抖音短视频中，用户用方言对社会现象进行吐槽或者用方言演绎日常生活。如抖音某用户针对母亲面对孩子走失的反应，模仿了不同地方母亲的口吻，创作了一条搞笑风格的短视频，热度急速攀升。二是汉字奇观。抖音对汉字的推广，有利于对传统文化的传承与发展。如原创歌曲《生僻字》包含70多个生僻字，在抖音中掀起了模仿热潮。这一汉字热潮加深了海内外网友对汉字的认知程度。

再次，抖音短视频中的民族性文化特征还体现在中国特色饮食奇观上。抖音短视频具有把日常饮食"化腐朽为神奇"的效果。如日常生活中的"食"，在抖音平台上，有展现各地食物特色的"小吃奇观"。中国特色美食是中国风土人情的表现形式之一，是中华民族传统文化的载体之一，因此抖音上中国美食的火爆也彰显了中华文化的生命力。

抖音短视频中的传统文化奇观充分展现了抖音的民族性文化特征。习近平主席认为："优秀传统文化是一个国家、一个民族传承和发展的根本，如果丢掉了，就割断了精神命脉。"抖音短视频中有许多中国的传统文化元素，如书法、剪纸等。一些传统文化爱好者在抖音上自发进行推广活动。例如，将流行音乐以唢呐的形式进行表演，使年轻群体对唢呐有了全新的认识。同时，抖音推出了一系列传统文化扶持计划，开展了"谁说国画不抖音""我为'非遗'打call"等活动，使更多年轻群体走进传统文化之中。另外，抖音开展的"我们来自中国"新媒体挑战赛，使国外友人对中华传统文化的内涵有了更深的了解。

二、抖音里狂欢的全民仪式性

（一）抖音里的全民狂欢

狂欢理论由苏联学者巴赫金（Bakhtin Michael）提出，他强调全民平等自由参与的主体及粗鄙戏谑的广场形式。抖音的开放与平等特性能够最大限度地为全民参与提供可能。抖音十分注重用户原创内容，并通过机器算法为用户展示符合其喜好的短视频内容。截至2018年底，抖音在国内已经拥有了超过5亿的月活跃用户。抖音的海外版TikTok在全球App下载量中位居前十。抖音短视频当前已经火爆全国，辐射海外，究其原因，是抖音满足了人们的本能欲望，满足了人们对于美好生活的向往。抖音具有极低的准入门槛及极高的开放性、共享性，其短视频是由普通用户上传的原创内容，充分呈现了用户自由化的大众表达。抖音短视频中的主要表现内容是日常生活，用户或拍摄家长里短的日常对话，或配上音乐进行一段趣味性表演，或通过简单的片段揭露社会现实。因此，国外友人可以通过抖音看到真实的中国，感受不同的民族文化。

（二）抖音里的仪式狂欢

狂欢节中的重要仪式笑谑地为狂欢国王加冕及脱冕。在抖音里，只要足够吸引人的眼球，人们就可被"加冕"，成为抖音"网红"。如"成都小甜甜"先火爆，后被质疑商业炒作热度消退，就是一个先被"加冕"然后"脱冕"的过程。人们通过加冕与脱冕这一过程，暂时实现自己或许在现实世界中难以实现的改变命运的美梦，呈现了狂欢节的乌托邦特质。在抖音中，还存在用户对各种权威的质疑及验证现象。例如，对小学教材的质疑，包括教科书上关于官服的配图是否符合史实等，都加深了民众对于中华文化的理解。同时，制造狂欢气氛和狂欢感受，离不开不拘形式的狂欢语言。抖音中的语言充满狂欢意味，插科打诨、无病呻吟、豪情壮语充斥其中。不少政务号也一改严肃正经的画风，在抖音上发布的内容充满幽默效果。

三、抖音里中华文化的对外传播

抖音关于中华文化的对外传播有助于传播中华优秀传统文化，增强文化自信。在抖音平台上，中华文化的弘扬者结合时代特点进行文化的创新与传播，为中华文化在国内外的传播及构建当代青年的文化自信上，提供了极大的帮助。

TikTok上汇集了丰富的中华优秀传统文化，利用技术实时传递给海外用户。海外用户在抖音短视频中近距离观看中华文化，对其而言，诸如古诗词之类的中华文化不再仅仅意味着深奥难懂，而是能够将其以现代化手法进行融合性的表演。同时，抖音短视频扩大了中华文化传播的范围，全球抖音用户皆可以看到关于中华文化的短视频。抖音短视频在中华文化上所吸引的强势关注，凸显了中华文化的博大精深，也说明我们应该增强文化自信，采取更多创造性方式推动中华文化的对外传播。

其次，抖音关于中华文化的对外传播有助于更好地讲述中国故事，树立大国形象。习近平总书记在党的十九大报告中强调："推进国际传播能力建设，讲好中国故事，展现真实、立体、全面的中国，提高国家文化软实力。"中华文化的对外传播要想取得良好成果，就必须讲好中国故事。抖音短视频将中华文化元素具象化，如将汉服的穿搭方式等进行讲解，使海外受众对此有了更加清晰的认识，有利于我国文明大国形象的树立。抖音的海外版TikTok将中文界面与海外本土文化特色相结合，有利于其文化与中华文化产生碰撞并促进中华文化在世界范围内的创新发展。在抖音中，政治不再居于台前，而是在背后以宏观调控的方式进行文化生态的调整。在我国国家形象的塑造和传播中，抖音以鲜活的文化逻辑，讲述具有中国特色的"中国故事"。另外，大众是抖音短视频内容的主要生产者，大众日常生活的奇观化是抖音短视频的主要内容，充满日常趣味，有利于传播中国声音，使国际社会看到真实的中国，进而增强国际社会对我国的亲近感。

抖音短视频中的视觉奇观，具有民族性与狂欢性相结合的特点。其民族性特点主要体现在短视频中的民俗奇观、中国式语言奇观、中国特色饮食奇观与中华传统文化奇观等方面。同时抖音短视频通过其营造的视觉奇观构建了一个"狂欢广场"，其对权威的质疑及其语言自身的颠覆性，有助于创新中华文化的表达方式，使海外受众对中华文化的接受更为顺畅。以抖音平台为载体，中华文化加快了对外传播的步伐。文化出海，既充分彰显了中华文化的博大精深，又增强了我国民众的文化自信，树立了大国形象。因此，我国要更加重视短视频平台在中华文化对外传播中发挥的作用，讲好中国故事，让世界看到中华文化，看到真实的中国。

第三节　从美博李子柒，看美食与传统文化的结合

"东方美食生活家"李子柒是古风美食短视频博主，吸引了庞大的海内外粉丝群体，具有较高的影响力，甚至被称为文化输出。如今，短视频进入蓬勃发展时期，也为向世界发出中国声音提供了创新形式。

古风美食博主"李子柒"热度极高，甚至连《人民日报》也做出过高度赞赏。不仅在中国，"田园女神"李子柒在外网也拥有极高影响力。近年来，随着新媒体的发展及社交媒体丰富的视听表达使得短视频成为建构国家

形象的重要力量。而中国传统美食短视频博主李子柒正是一张具有中国特色的国家名片。

一、传统文化的内生吸引力

在李子柒的视频中，无论是制作美食还是手工品，均体现着中华传统文化。作为美食博主，出现在作品里面最多的是乡村时令食物和传统节日美食，比如马奶酒、腊八粥等，而其他美食也往往采用"古法"熬制。

作为中华文化的传播者，李子柒还非常重视中国传统技艺手法，从用葡萄皮漂染纱丝、用树皮造手工纸及木工竹器等工艺，到蜀绣、成都漆器、活字印刷等非物质文化遗产，在视频中都有着令人惊艳的展现。

在中国，传统文化一直是中华民族热爱并引以为豪的民族自信，而近年传统国风尤其盛行。李子柒短视频中所展示出来的传统文化元素在较大程度上满足了国人对于中华传统文化的向往，也赋予华夏儿女文化认同感、身份归属感及民族自豪感。

在国外，中国的东方神秘文化一直是新鲜而神奇的，探索未知领域的好奇加上东西方审美差异的撞击拓展了受众原有的认知和审美视野。此外，中华五千年的文化积累与底蕴的内生吸引力，更能打动国外受众的心灵，使其在看李子柒视频惊叹之余被博大精深的中华传统文化魅力深深折服。

二、田园牧歌生活的向往

"虽不能至，心向往之"。在李子柒的视频里，她仿佛生活在世外桃源，呈现出一种恬淡闲适之美。"久在樊笼里，复得返自然"，李子柒的"慢"与"静"，令快节奏生活的都市人群心驰神往。

李子柒的视频中，白日采花摘果、进山下田，夜里围炉取暖、话酒桑麻，都重新赋予了乡村美好的想象。另外，李子柒的视频化身为一幅满足用户视觉享受的文化景观，诗意的生活满足了放松和治愈的情感需求，也成为逃离压力的乌托邦。在西方，工业革命使机器和物质主义早早充斥着社会，完全脱离机器、充满悠久文化的中国乡村的自然原生态之美使国外网友神往,这也是为什么称之为"中国伊甸园"的原因。

三、美食的独特魅力

民以食为天,美食的魅力使其拥有着独特的社会地位。李子柒的视频以中国传统美食为主,醉蟹、青梅酒、龙须笋、佛跳墙……花开了酿酒,果熟了吃茶,仿佛什么都能做成美食,最后与奶奶一起在说笑间围炉共享。在中国,美食蕴含着中国人独特的传统习俗和价值观,传统节日也往往与特定美食相连,饮食文化早已融入文明史。而每逢节年,无论多少艰辛,中国人都要团圆吃饺子。食与情相融,也更具有仪式感。李子柒的视频正是将食物融入传统家庭文化,在展示美食的同时给观众带来温馨的亲情感怀。而国外,中国美食的用料之考究,品类之丰富,在世界上享有盛誉,也无疑使李子柒的视频拥有极高的吸引力。山田的食材在她的巧手中化成一道道佳肴,也使海外网友一次次地喊出"amazing",并称自己深深爱上了中国美食。

截至2019年6月,我国短视频用户规模已达6.48亿,占网民整体的75.8%。生活节奏越来越快,人们没有多余的时间与精力潜下心来,而短视频在形式和内容上都能够很好地满足受众碎片化阅读需求,短视频自媒体进入蓬勃发展时期。

过去,往往是官方来讲中国故事。传统媒体及宣传纪录片虽然制作宏大,震撼人心,但是可能空泛,带有浓厚官方、权威色彩,有的过于沉重、煽情。只用一个调子讲中国故事,会使人物不够立体,也缺少故事吸引力。短视频时代,如何讲好中国故事,李子柒的短视频或许能给人几点启发。YouTube是外网十分具有影响力的视频网站,截至2019年12月,李子柒在上面已有752万粉丝。YouTube作为世界性的平台为李子柒在全球范围的影响力打下了坚实的基础。深受年轻人喜欢的B站、秒拍等符合李子柒的垂直受众年龄。在品牌营销过程中,各个平台互相关联,打破"信息孤岛",形成传播矩阵,以微博、微信为主导,其他媒体平台做辅助,打造出"东方美食生活家"李子柒。

习近平总书记强调:"创新对外宣传方式,着力打造融通中外的新概念新范畴新表述，讲好中国故事"。短视频时代，李子柒利用这一新的传播形式，在文化市场逐渐开放的过程中，由民间形式、个人方式来输出，是对官方机构的一种创新性补充，有利于拓展国家形象传播广度，提高国家文化软实力。讲好中国故事，传递好中国声音，让世界认识一个更加立体、多彩的中国。

参考文献

[1] 宋丽丽. 汉语国际教育与中华传统文化传播[M]. 哈尔滨: 东北林业大学出版社, 2017.

[2] 李春雨. 中国当代文化传播与汉语国际教育[M]. 北京: 文化艺术出版社, 2020.

[3] 陈学广, 陈莉. 汉语国际教育专业建设与教学研究[M]. 南京: 东南大学出版社, 2019.

[4] 谢钧祥. 中华百家大姓源流: 中国传统文化透视[M]. 郑州: 中州古籍出版社, 1996.

[5] 郑梅, 李晓鹏. 关于汉语国际教育中的中国传统精神文化教学的探讨[J]. 大众文艺, 2015(7): 254

[6] 马春燕. 中国传统文化在汉语国际教育中传播的新途径[J]. 浙江理工大学学报(社会科学版), 2017, 38(5): 465-470.

[7] 李刚. 汉语国际教学汉字教学探析[J]. 沈阳大学学报(社会科学版), 2016, 18(3): 339-342.

[8] 苏旬娜. 数字的文化内涵[J]. 北方文学(中旬刊), 2014(6): 167-168.

[9] 周红, 刘东南. 谈传统民俗文化的继承与发扬——以二十四节气为例[J]. 辽宁师专学报(社会科学版), 2015(3): 43-44.

[10] 肖明慧, 韩纪琴, 曹新宇, 等. 中国传统与民俗文化的国际传播研究——以二十四节气为例[J]. 边疆经济与文化, 2017(12): 60-63.

[11] 于会歌. 中国传统节日习俗的现代传承[J]. 沈阳师范大学学报(社会科学版), 2012, 36(4): 88-92.

[12] 王东芳. 浅析中国画的传统文化及哲学精神[J]. 艺术教育, 2015(11): 137.

[13] 刘晓静. 漫谈茶与中国传统文化[J]. 福建茶叶, 2016, 38(4): 374-375.

[14] 邹承辉. 扇与中国文化[J]. 安徽冶金科技职业学院学报, 2007(1): 115-119.

[15] 任光霞. 浅谈民族音乐与传统文化[J]. 中国校外教育, 2011(12): 162.

[16] 张哲, 陈祺. 中华传统美食文化的当代价值[J]. 山西农经, 2020(2): 11-12; 15.

[17] 吴晨昊. 浅谈建筑与传统文化的和谐统一[J]. 有色金属设计, 2007(1): 38-43.

[18] 娄扎根, 娄莎莎. 古人重迁观念与庄重的出行仪式感[J]. 焦作大学学报, 2017, 31(3): 115-118.

[19] 赵婷. 浅析三国杀游戏盛行的心理根源[J]. 现代妇女(下旬), 2013(7): 178-179.

[20] 任然. 抖音中的视觉奇观与对外传播[J]. 青年记者, 2019(23): 81-82.

[21] 武鸣. 日常生活中的传统礼仪习俗[J]. 语文教学与研究, 2017(24): 55-56.

[22] 马子恺. 弘文载道朱墨传神——碑帖拓片鉴藏浅说[J]. 中国城市金融, 2013(7): 74-75.